FRENCH REVISION FOR JUNIOR CERTIFICATE

(HIGHER LEVEL)

THIRD EDITION

Peter McDonagh

GILL & MACMILLAN

Gill & Macmillan Ltd
Hume Avenue
Park West
Dublin 12
with associated companies throughout the world
www.gillmacmillan.ie

© Peter McDonagh 1996, 2000, 2007

978 07171 4123 4

Print origination by
Carrigboy Typesetting Services.

*The paper used in this book is made from the wood pulp of managed
forests. For every tree felled, at least one tree is planted,
thereby renewing natural resources.*

For permission to reproduce photos grateful acknowledgment is made to the following:

Rex Features, Popperfoto.

CONTENTS

SECTION I
LISTENING COMPREHENSION (AURAL)

Tips

Normally you have 5 minutes to read the questions and instructions before the CD is played. Make sure that you use the *full* 5 minutes to prepare yourself. You must be clear about the task ahead of you because you will not be allowed to interrupt the CD to ask questions.

There is a temptation to gloss over the questions and presume that you know what is being asked. Yet people confuse the questions: 'Why', 'How', and the instructions: 'Explain', 'Give examples'. Be clear about 'When?'. Does it mean the exact time, day or date? (*Underline* these key words in the questions.)

Now note the following pieces of advice:

a) If you feel that your writing is unclear, use block letters. You should have the time: the standard answer is short, often one word. Also, students should write in pencil, as corrections can more easily be made.

b) Jot down answers – using abbreviations – on a rough sheet or page while listening to the CD. For example, to write down three sports that someone plays, you can write 'ft' (football), 'ts' (tennis), hur' (hurling). This can also help to focus your attention on the CD.

c) However, do not write whole answers/sentences that take too long, because you then cannot hear what is being said – instead of hearing three plays, you will narrow your plays to two! Abbreviations may help, but not long words or sentences.

d) Use the gaps during plays to write down the answers. That's what the gaps are for.

e) Answer the questions in English when you are asked in English. If you answer in French, you lose the marks. Naturally the French word will have to be acceptable in the absence of an English word, e.g. 'au pair' (occupation); 'Les Sables d'Olonne' (place name).

f) Only write one letter in the box provided for the multiple choice question (MCQ), i.e. either a, b, c, or d. **This point needs to be emphasised. If you tick two answers *no* marks will be awarded, even if one of the answers is correct.**

g) Always read the questions before hearing the CD. This way you will know what to expect. For example, to the question: 'What countries did she visit?' expect to hear the standard answers: 'l'Allemagne,' 'l'Espagne,' 'les États-Unis', 'la Grèce', etc. . . .

h) If you are stuck for an answer, at least guess intelligently. Never leave a gap, especially with an MCQ where you have one chance in four of being right. It's either a, b, c or d. That's a 25% chance – it's worth an educated guess! Eliminating very wrong options can improve your chances of guessing correctly.

i) The aural exam lasts 30 minutes, which pass very quickly. So keep up the concentration. Don't allow a lapse, and never look around at your classmates to see their reaction. This manoeuvre only serves to make you more nervous and giddy.

Relevant/Standard Vocabulary for Aural Comprehension

(Parts of this section will be treated as an exercise to stimulate revision of vocabulary; to help the pupil to actively learn words and commit them to memory.)

SECTION A

This section concerns topics such as making an apology or an appointment, and so on.

TRANSLATE:

a) Making a booking

   (i) C'est bien l'hôtel de la Paix ? =
   (ii) Oui, vous y êtes. Que puis-je faire pour vous ? =
   (iii) J'aimerais/voudrais réserver une chambre double. =
   (iv) Vous avez des chambres de libre ? =
   (v) Combien êtes-vous ? =
   (vi) Nous sommes/On est trois. =
   (vii) Une chambre à deux lits sans douche. =
   (viii) On peut le $\left\{ \begin{array}{l} \text{laisser} \\ \text{loger} \end{array} \right.$ chez le concierge ? =
   (ix) Avez-vous un ascenseur ? =
   (x) La chambre se trouve au deuxième étage. =
   (xi) J'aimerais une table près de la fenêtre. =

b) Borrowing something

   (i) Allô, c'est Pauline à l'appareil. =
   (ii) Est-ce que je peux te demander quelque chose ? =
   (iii) Puis-je emprunter ton lecteur CD pour ma boum ? =
   (iv) Mon auto est tombée en panne. Peux-tu me prêter ton auto ? =
   (v) J'ai promis d'emmener mon père chez le médecin. =
   (vi) J'ai besoin de ton vélo. =

c) Making an appointment

    (i) Allô ! Quoi de neuf, Jean ? =
   (ii) Je vais en ville. Ça te dit de venir avec moi ? =
  (iii) Ah, oui, je veux bien. =
  (iv) D'accord, je passerai chez toi dans une demi-heure. =
   (v) Ça te va ? =
  (vi) Mais bien sûr. =
 (vii) Je voudrais prendre un rendez-vous avec . . . =
(viii) Pouvez-vous me donner un rendez-vous pour jeudi ? =
  (ix) Cela vous convient ? =

d) Cancelling an appointment

    (i) Je vous téléphone pour vous dire que je ne pourrai pas aller au théâtre. =
   (ii) Je regrette mais mon oncle vient d'arriver de Cork. =
  (iii) Je suis désolé. =
  (iv) Ce n'est pas possible. =
   (v) C'est dommage. =
  (vi) J'espère que tu m'excuseras. =
 (vii) Je dois annuler mon rendez-vous pour 3 heures. =
(viii) Mes projets ont changé. =
  (ix) Cela ne te dérange pas ? =

e) Issuing invitations

   (i) Je t'invite à venir avec moi. =
  (ii) Si on faisait une partie de tennis ? =
 (iii) Ça te dit d'aller à une boum samedi ? =

SECTION B

This section contains profiles of young people, including date of birth, hobbies, etc.

a) Age/Birthday

Watch out for:
       Je viens d'avoir seize ans. =
       J'ai presque quinze ans. =
       J'aurai quatorze ans le cinq mars. =
       Mon frère est plus âgé que moi. =

NOTE: J'ai quinze ans et **demi**. =

b) Size of family

Merely note:

On est cinq dans la famille.=

Nous somme six dans la famille. =

Je suis ⎰ un frère jumeau. =
⎱ une sœur jumelle. =

c) Favourite subjects

Don't always write down the first or all of the subjects that you hear.
Remember the question: 'Name subject liked; disliked; favourite'.

Therefore, listen for:

J'aime le dessin. =

Je n'aime pas les sciences. =

J'aime mieux le français. =

Je préfère l'anglais. =

L'histoire, ça me plaît. =

Je trouve les maths ennuyeuses. =

La géo, ça ne me plaît pas. =

NOTE: Mes matières préférées sont l'allemand et le gaélique. =

Note other subjects:

les art ménagers =

les travaux manuels =

l'éducation physique =

l'informatique =

le gaélique =

l'allemand =

le commerce =

l'éducation religieuse =

d) Appearances

Listen for the following expressions:

Je porte des lunettes. =

Je suis assez mince. =

J'ai les cheveux blonds. =

Je suis grand/petit/moyen. =
J'ai les yeux marron*. =

Also:
les yeux verts =
les yeux gris =
les yeux bleus =
les cheveux bruns =
les cheveux longs =
les cheveux courts =
les cheveux roux =
les cheveux bouclés =

*NOTE: the singular of 'marron'. This word never changes its spelling.

e) Countries visited

Je suis allé en Allemagne. =
Nous avons visité l'Angleterre. =
Je suis resté en famille au Pays de Galles. =
J'ai fait un séjour en Écosse. =

f) Occupations

i) Parents' occupations:

Questions
{ Que font tes parents comme métier ? =
  Que font tes parents dans la vie ? =
  Que font tes parents pour gagner leur vie ? =

Réponse ➺ Mes parents tiennent un restaurant près de l'hôtel Jury's. =

Vocabulary: Q : Quel est le métier de ton père ? =
R : Mon père est prof. de langues. =
maçon =
ingénieur =
pharmacien =
directeur d'un lycée =

Il est facteur. =
Il est boucher. =
Il est plombier. =
Il est boulanger. =

Il est dentiste. =
Il est coiffeur. =
Il est pompier. =
Il est jardinier. =
Il est épicier. =

NOTE:
Mon père est chômeur. =
Mon père est au chômage. =
Mon père va prendre sa retraite cette année. =

Ma mère est ménagère/mère de famille. =
Elle travaille à la maison. =
Elle est infirmière. =
Elle travaille à temps partiel. =
Elle travaille dans une librairie. =
Elle est coiffeuse. =
Elle est mannequin. =
Elle est directrice. =
Elle est vendeuse. =

ii) Ce que j'aimerais devenir :
   J'aimerais être médecin. =
                avocat. =
                comptable. =
                électricien. =
                hôtesse de l'air. =
                routier. =
                camionneur. =
                homme politique. =

   Je voudrais être mécanicien. =
                soldat. =

   Je veux devenir agent de police. =

NOTE: J'ai un petit boulot ; je distribue des journaux.

g) Hobbies (les passetemps/les loisirs)

Questions
- Qu'est-ce que tu aimes faire pendant ton temps libre ? =
- Comment est-ce que tu passes ton temps libre ? =
- Qu'aimes-tu faire pour t'amuser ? =

Réponses:

Je suis sportif (-ive). =

J'adore
- la natation. =
- le ping pong. =

Je joue
- du piano. =
- avec mon ordinateur. =
- au volley. =

Je fais
- du karaté .=
- de l'athlétisme. =
- de l'équitation. =
- des promenades en vélo. =
- des promenades en bateau. =
- des randonnées. =
- de la plongée sous-marine. =
- de la planche à voile. =
- du patinage. =

J'aime
- regarder la télé. =
- écouter de la musique. =
- lire des romans policiers. =

Mon grand-père joue à la pétanque. =
Il nage trois fois par semaine. =

NOTE: faire + $\boxed{\text{de}}$, de la, etc., when **doing** a sport or pastime.

jouer + $\boxed{\text{à}}$, à la, etc., when **playing** a sport.

jouer + $\boxed{\text{de}}$ when playing a musical instrument.

Phrases used instead of 'j'aime', 'je n'aime pas':
- Je me passionne pour l'équitation. =
- Je suis un amateur de cinéma. =
- Je suis un(e) passionné(e) de Shelbourne. =
- La planche à voile, ça me plaît/ça ne me plaît pas. =
- J'ai horreur du rugby. =
- Je m'intéresse à la lecture. =

Sections C/D/E

These sections are far less predictable. However, certain topics do appear frequently. We shall examine them in detail.

a) La météo (also: la prévision météorologique) = the weather forecast

The most common phrases to be heard are:

Il y aura des averses. =
Il fera de l'orage. =
Il fera beau. =
Il fera chaud. =
Il fera froid. =
Il fera un temps mauvais. =
Il fera un temps gris, couvert. =
Il neigera. =
Il pleuvra. =
Il fera un temps ensoleillé. =
Il gèlera. =
Il y aura un ciel sans nuages. =
Il y aura des éclaircies. =

Un temps très nuageux, orageux, pluvieux, brumeux sur l'ensemble. =
Un vent fort du sud-ouest. =
Des chutes de neige sur le nord-est. =
Quelques chutes de pluie sur la région parisienne. =
Des vents faibles à modérés sur les côtes. =
L'orage a provoqué des inondations. =
Les températures maximales **attein**dront (NOTE! not: **attend**ront) 20°C. =

NOTE: Times
   demain =
   cet après-midi =
   plus tard =
   le weekend prochain =

NOTE ALSO: parts of France
   la Normandie =
   la Bretagne =
   les Alpes =
   la Méditerranée =
   le Midi =
   Nord/Sud/Est/Ouest =

b) Accidents

Cela a fait dix-huit morts et trente blessés. =
Une moto est entrée en collision avec une voiture. =

Le garçon a été bouleversé par un vélo. =
Il est grièvement blessé. =
Il est légèrement blessé. =

Un homme et son chien ont trouvé la mort dans un incendie. =
Trois femmes ont été blessées dont une grièvement. =

Un camion est tombé en panne. =
L'accident a eu lieu à 2 heures sur la route. =
À la suite du tremblement de terre qui s'est passé au Mexique, le bilan est
   20,000/vingt mille morts. =

c) Health

Questions:
  To ask someone what is wrong with them, there are two expressions:

1. Qu'est-ce qu'il y a ?   = What's up?
                       What's wrong? (lit. 'What is there?')

2. Qu'est-ce que { vous avez ? = What's wrong with you?
                  { tu as ?   = (lit. 'What do you have?')

Réponses: **avoir mal à** = to have pain in (lit.) = (to have a sore . . .)
J'ai mal à la tête. =
     mal à la gorge. =
     mal au cœur. =
     mal au dos. =

J'ai de la fièvre. =
J'ai un rhume. =
J'ai la grippe. =
J'ai vomi trois fois. =

Mon médecin m'a conseillé de { rester au lit pour une semaine. =
                           { garder le lit. =
                           { me reposer un peu. =

Le médecin m'a fait une ordonnance. =
J'ai le nez bouché. =
Je tousse. =
Il faut prendre des pilules. =
       des gouttes. =
       des comprimés. =
       un sirop. =
       des tranquillisants. =
J'ai le cafard. =
Avez-vous quelque chose pour ça ? =

d) La télé

Nous aimons bien regarder la télé. =
J'aime mieux regarder les feuilletons. =
Quelquefois ma sœur préfère les dessins animés. =

Qu'est-ce qu'on passe sur la chaîne RTE ? =
On passe un programme de sport à 3 heures. =
Mon père regarde les informations, les actualités et la météo. =
De temps en temps j'aime les spots de publicité. =
Je trouve que les films policiers sont ennuyeux. =
Quant à moi, je regarde les films d'espionnage et d'horreur. =

Past Examination Papers Listening 2005–2001

FRENCH – HIGHER LEVEL

SECTION I
Listening Comprehension (140 marks)

N.B. This section must be answered in English.

A   **TRACKS 1, 2 AND 3**

Your examination will start with **three** conversations. In the case of each conversation say whether it is about

(a) a school subject
(b) a lost pet
(c) choosing a television programme
(d) going to the cinema
    or
(e) going sailing.

You will hear each conversation **twice**. You may answer the question after either hearing. Give the answer by writing *a*, *b*, *c*, *d* or *e* in the appropriate box below.

  (i) First conversation   ☐

 (ii) Second conversation   ☐

(iii) Third conversation   ☐

B

You will now hear **two** people introducing themselves, first Caroline and then Karim. Each of the recordings is played **three** times. Listen carefully and fill in the required information on the grids at **1** and **2** below.

1. First Speaker: Caroline   TRACK 4

Name	Caroline
Age	19
One detail about Nîmes	
How far her village is from Nîmes	15 km
How she travels to Nîmes	car
Where she works	swimming pool
What Gérard studies	
Colour of Gérard's eyes	grey
How long they have been going out together	3 ~~months~~ weeks

2. Second Speaker: Karim   TRACK 5

Name	Karim
Country of birth	Morocco
Job	
One detail about his father	
Outdoor pastime	
Where he used to go at weekends (**Two** places)	(i)
	(ii)
One point his wife makes about her work	Its very tiring
What his wife does while Karim cooks	She ~~~~

C

You will now hear **five** separate conversations. Each one of them will be played **twice**. Listen carefully and answer the questions below.

First Conversation   TRACK 6
1. (a) Where does the man wish to go?

   _____ stadium _____

   (b) What directions does the lady give him?

   _____ straight   down , turn left _____

Second Conversation   TRACK 7
2. (a) What article of clothing is the man buying?

   _____ shirt _____

   (b) Give **one other** point about the article of clothing.

   _____ go with a tie cotton _____

Third Conversation   TRACK 8
3. (a) What day of the week is mentioned?

   _____ mercredi _____

   (b) Why has the boy refused the job?

   _____ he's going on holiday. _____

Fourth Conversation   TRACK 9
4. (a) Which part of the body does the man mention?

   _____ stomach _____

   (b) Spell the man's surname. Write one letter in each box.

g	r	e	l	4	n

Fifth Conversation   TRACK 10
5. (a) What present did the boy receive?

   _____ watch _____

   (b) What reason did his father give for choosing this present?

   _____

D

A teacher is talking to a group of pupils who will shortly be going on a school tour. You will hear this conversation **three times**, first in full, then in **four segments** with pauses after each segment and finally right through again. Answer the questions below.

First Segment   TRACK 11
1. When is the group going on tour?

_____next_____week_____

Second Segment
2. (a) How is the group travelling?

_____by bus_____

(b) In what type of accommodation is the group staying?

_____youth_____hostel_____

(c) Who will do the washing up?

_____every_____one____takes____turns__

Third Segment
3. (a) List **three** items they are told to bring.

(i) _____bag_____

(ii) _____cap_____

(iii) _____raincoat_____

(b) What does the teacher say about pocket money?

_____dont bring more than £30_____

Fourth Segment
4. (a) Name **one** evening activity mentioned.

_____camping___watching___TV X_____

(b) The pupils may bring their mobile phones under certain conditions. Name **one** of these conditions.

_____you___are___responsible_____

E

Your listening test will end with **five** short news items from French radio. Each item will be played **twice**. Listen carefully and answer the questions below.

First Item   TRACK 12

1. (a) For how long have the robberies been taking place?

   for   same   months

   (b) How were the robbers detected?

   _____

Second Item   TRACK 13

2. (a) How many jobs have been created?

   _500_

   (b) Name **one** profession mentioned.

   nurse

Third Item   TRACK 14

3. (a) Why were the police called?

   looking   for lost person

   (b) Which part of the house is mentioned?

   cellar

Fourth Item   TRACK 15

4. (a) What country did France beat?

   ~~Netherlands~~   Austria

   (b) How many points did France score?

   _72 - 59 = 13_

Fifth Item   TRACK 16

5. From the list of words given below, select the word which best describes the weather in **each** of the parts of France mentioned.

   Dry – Sunny – Cloudy – Foggy – Cold – Warm

   (i) Northern France   _~~Fog~~ Cold_

   (ii) Western France   _cloudy_

2005 CD – TRANSCRIPTS

A. TRACK 1

Garçon : Qu'est-ce qu'il y a à la télévision ce soir ?

Fille : Du football, comme d'habitude !

Garçon : Chouette ! Qui c'est qui joue ?

Fille : Je ne sais pas moi! Le football, ça ne m'intéresse pas du tout.

Garçon : Et sur la deuxième chaîne, qu'est-ce qu'il y a ?

Fille : Heu . . . un film, heu . . . tiens *Des Cornichons au chocolat* ? C'est super ça comme film !

Garçon : Ha oui ! On regarde ça alors ?

A. TRACK 2

Louise : Salut Paul, ça va ?

Paul : Tiens ! Salut Louise! Qu'est-ce que tu fais de beau ?

Louise : Moi ? Rien d'extraordinaire et toi ?

Paul : Je pensais faire de la voile samedi. Je viens d'acheter un nouveau bateau. Ça te dit de venir ?

Louise : Ha oui, pourquoi pas? À samedi alors et merci de m'avoir invitée.

A. TRACK 3

Père : Mais qu'est-ce que tu cherches là, Nicole ?

Nicole : Je cherche mon lapin ! Il n'est pas dans sa cage !

Père : Il est peut-être dans le jardin.

Nicole : Non, j'ai déjà cherché.

Père : Va voir s'il est dans le garage.

Nicole : D'accord, papa.

B. TRACK 4

1. Je m'appelle Caroline Brizard. J'ai 19 ans. Je suis étudiante en sciences à Nîmes. C'est une ville agréable et pas trop grande. J'habite avec mes parents et mes deux sœurs dans un petit village à 15 kilomètres de la ville. J'ai une petite voiture pour aller en cours tous les jours. Mes parents me l'ont offerte pour mon anniversaire. En ce moment, c'est les vacances et je travaille à la piscine municipale. J'aime bien ce travail parce que, bien sûr, j'aime la natation. Le grand avantage c'est que je travaille avec Gérard, qui est très, très sympathique ! Lui aussi il est étudiant. Il étudie les langues. Il a vingt ans et il est grand et beau, avec des yeux gris et . . . enfin je l'aime beaucoup et c'est même mon petit ami.

Je sors avec lui depuis trois semaines. Ce week-end je l'invite manger à la maison avec maman et papa.

B. TRACK 5

2. Je m'appelle Karim. Je suis père de deux enfants de quatre et cinq ans. Je suis né au Maroc et je suis venu en France avec mes parents quand j'avais neuf ans. Donc, je parle français et arabe. J'aime beaucoup mon métier de mécanicien. J'ai commencé à apprendre le métier avec mon père qui était garagiste. Le week-end, pour me détendre, j'aime bien faire de la moto. Quand j'étais plus jeune, je faisais beaucoup de moto. Je partais tous les week-ends avec des amis à la mer ou en montagne. À part la moto, j'aime bien faire la cuisine. Mon plat préféré c'est le couscous, un plat typiquement arabe. J'adore préparer un couscous énorme et inviter tous mes amis à la maison pour le manger avec nous. Ma femme travaille comme agent de police. Elle trouve son travail très fatigant, alors elle apprécie beaucoup quand je fais la cuisine pour lui laisser un peu plus de temps pour se détendre et s'amuser avec les enfants.

C. TRACK 6

1.

Garçon : Pardon, madame. C'est où le stade, s'il vous plaît ?

Femme : Le stade, oh mais c'est tout près ! Prenez la première à droite après le lycée. Puis, c'est tout de suite sur votre gauche.

C. TRACK 7

2.

Garçon : Bonjour, madame. Je cherche une chemise d'été en coton.

Femme : Voilà, une jolie chemise à manches courtes. Vous voulez l'essayer ?

Garçon : Ha oui. Elle est jolie. Et puis 42, c'est juste ma taille.

Femme : Bon. Vous pouvez l'essayer là-bas si vous voulez.

C. TRACK 8

3.

Garçon : Ça alors, j'en ai marre !

Nadine : Qu'est-ce qu'il y a ?

Garçon : Et bien, Nadine, j'ai trouvé un petit boulot pour les vacances au supermarché à côté. Mais ils veulent que je travaille tous les matins, à part le mercredi, de 7 heures à 10 heures.

Nadine : Formidable ! Comme ça tu auras ta journée de libre. Et c'est quoi le problème alors ?

Garçon : Mais . . . mais je suis en vacances moi !

Nadine : En vacances de l'école, oui. Mais ça ne t'empêche pas de te lever de bonne heure et de gagner de l'argent. Tu n'as pas refusé j'espère ?

Garçon : Ben . . . si. Bien sûr que j'ai refusé ! Je ne vais pas me lever à 6 heures du matin pendant les vacances moi !

Nadine : Oh, la la! C'est pas vrai. Quel imbécile!

C. TRACK 9

4.

Dame :   Allô! Centre médical. Je peux vous aider ?

M. Grelin : Oui, madame, Je voudrais voir le docteur Lebrer, si c'est possible. J'ai mal au ventre depuis hier.

Dame :   Voyons, aujourd'hui le docteur n'est pas là. Mais demain ce serait possible dans l'après-midi par exemple. Ça vous conviendrait ?

M. Grelin : Oui, madame.

Dame :   D'accord. Alors demain après-midi vers 15h30.

M. Grelin : C'est parfait.

Dame :   C'est à quel nom, monsieur ?

M. Grelin : C'est GRELIN. G-R-E-L-I-N.

Dame :   Alors, je note . . . rendez-vous pour Monsieur Grelin: G-R-E-L-I-N. C'est bien ça ?

M. Grelin : Oui, c'est ça, madame.

Dame :   Très bien, Monsieur Grelin. À demain alors.

M. Grelin : Merci, madame.

Dame :   Je vous en prie.

C. TRACK 10

5.

Garçon :   Tiens Claudine, regarde ce que Papa m'a acheté pour mon anniversaire.

Claudine : Dis donc ! C'est super ! Une belle montre en argent ! J'adore l'argent. Et c'est très à la mode cette année. Quelle chance ! Tu es gâté.

Garçon :   Tu trouves ? Il l'a choisie parce qu'il dit que je ne suis jamais à l'heure. Lui, il est si ponctuel, tu sais. Comme ça, je n'aurai plus d'excuses d'être en retard, n'est-ce-pas ?

Professeur :	Bon. Tout le monde m'écoute. Alors . . . pour notre voyage la semaine prochaine, tout le monde a reçu une copie du programme des trois jours dans les Alpes. Oui ?
Élèves :	Oui, monsieur.
Professeur :	Première chose. Départ lundi matin de l'école, à huit heures pile. C'est clair ? Donc, soyez là vingt minutes avant. C'est compris ?
Élèves :	Oui, monsieur.
Professeur :	Ensuite, on a trois heures de route à faire en car pour y arriver. On sera logé à l'auberge de jeunesse. Tous les repas sont fournis. On y mange bien mais il faut aider avec la vaisselle et le rangement. D'accord ?
Élève :	Oh ! Ce n'est pas juste, monsieur !
Professeur :	Si. Écoutez-moi. Tout le monde fera la vaiselle à tour de rôle. Chacun son tour. Ensuite, apportez des affaires de marche: petit sac à dos, bonnes chausssures de marche, vêtements de rechange, imperméable, casquette, lunettes de soleil. D'accord ? C'est tout marqué sur la feuille que j'ai envoyée à vos parents.
Élève :	Monsieur ! Est-ce qu'il faut apporter un sac de couchage?
Professeur :	Non, pas de sac de couchage. On ne fait pas de camping ! Les draps sont fournis par l'auberge. Ensuite, argent de poche. N'apportez pas beaucoup d'argent. Vous risqueriez de le perdre. Pas plus de trente euros pour toute la semaine.
Élèves :	Monsieur ! Est-ce qu'il y a la télé dans les chambres ?
Professeur :	Non. On n'y va pas pour regarder la télé, mais pour voir la nature.
Élèves :	Monsieur ! On peut sortir le soir ?
Professeur :	Non. On reste à l'auberge de jeunesse le soir, on mange, on a des devoirs à terminer, des choses à lire ou à écrire sur notre journée. On peut faire des jeux de société ou écouter de la musique, mais on ne sort pas le soir.
Élève :	Monsieur ! On peut apporter notre portable ?
Professeur :	Il y a un téléphone à l'auberge si vos parents veulent vous joindre. Mais si vous voulez apporter votre portable, vous en êtes responsable. Et la nuit au dortoir, les portables sont interdits. Une dernière chose : est-ce que tout le monde m'a donné le papier avec l'autorisation des parents signée ?
Élève :	Oui, monsieur.
Professeur :	Bon. À lundi alors. Soyez à l'heure.

E. TRACK 12

1. Deux hommes ont été arrêtés pour le vol d'une quarantaine de voitures. Ils sont accusés d'avoir volé trois à quatre voitures par week-end, tous les week-ends depuis quelques mois. Les deux prenaient des voitures dans une ville différente chaque week-end. Ils ont été découverts à cause d'une fausse carte de crédit qu'ils utilisaient pour acheter de l'essence.

E. TRACK 13

2. Le gouvernement a annoncé hier la création de 500 postes dans le secteur médical. On envisage une augmentation de postes de médecins et d'infirmières dans les hopitaux de la région parisienne.

E. TRACK 14

3. En Allemagne hier, la police a été alertée par une maman qui croyait que sa fille de trois ans avait disparu. La police a aussitôt commencé à chercher, mais plusieurs heures après, la petite a réapparu toute seule chez elle. L'enfant s'était cachée dans la cave.

E. TRACK 15

4. Victoire pour la France en basket. Hier, à Toulouse, la France a battu l'Autriche 72 à 59.

E. TRACK 16

5. Et maintenant, la météo. Temps froid dans le nord du pays avec possibilité de neige en montagne. Les températures descendront jusqu'à −5 degrés. Dans l'ouest, temps nuageux avec des risques de pluie. Températures entre 8 et 11 degrés.

FRENCH – HIGHER LEVEL

SECTION I
Listening Comprehension (140 marks)

N.B. This section must be answered in English.

A   **TRACKS 17, 18 AND 19**

Your examination will start with **three** conversations. In the case of each conversation say whether it is about

(a) arriving in a restaurant
(b) meeting someone at the airport
(c) buying a train ticket
(d) reporting a theft
   or
(e) getting something to eat.

You will hear each conversation **twice**. You may answer the question after either hearing. Give the answer by writing *a, b, c, d,* or *e*, in the appropriate box below.

 (i) First conversation   `C`

 (ii) Second conversation   `a`

(iii) Third conversation   `e`

B

You will now hear **two** people introducing themselves, first Chantal and then Eric. Each of the recordings is played **three** times. Listen carefully and fill in the required information on the grids at **1** and **2** below.

1. First Speaker: Chantal   **TRACK 20**

Name	Chantal
Age	29
Birthday	13 June
Country where she was born	
Job	teacher
Two pastimes	(i) swimming
	(ii) skating rink
Two details about her boyfriend Claude	(i) he's 26
	(ii) he's a postman

2. Second Speaker: Eric   **TRACK 21**

Name	Eric
City where he lives	Bordeau
Why he travels a lot	his work is far away
Why he likes his job	he meets new people
Two sports he likes	(i) football
	(ii) cycling
What he wrote last year	Tour of France
Language he is learning at the moment	Japanese
His big ambition	Buy a book

C

You will now hear **five** separate conversations. Each one of them will be played **twice**. Listen carefully and answer the questions below.

First Conversation   **TRACK 22**

1. (a) Where in the supermarket do Paul and his mother arrange to meet?

   at the exit

   (b) At what time are they to meet?

   3:20

Second Conversation TRACK 23

2. (a) Why did Franck get a new mobile phone?

he did good in exam

(b) What is the rest of his new phone number?

06.62. _37 52 15_

Third Conversation TRACK 24

3. (a) In which subject does Laurent not have his homework done?

history

(b) Why didn't he finish it last night?

his father took it

Fourth Conversation TRACK 25

4. (a) Which evening is the man looking for?

Thursday evening

(b) Spell the man's surname. Write one letter in each box.

S	e	u	r	a	t

Fifth Conversation TRACK 26

5. What **two** items does M. Dupont buy?

(i) _kilo of carrots_

(ii) _~~banana~~ kilo of pears_

D

Julien is talking to Alice. You will hear their conversation **three times**, first in full, then in **four segments** with pauses after each segment and finally right through again. Answer the questions below.

First Segment TRACK 27

1. (a) To which country is Alice going on holiday?

netherlands

(b) Why did her uncle move to this country?

he works there

Second Segment

2. (a) Why is Julien not going on holidays?

    sick mom

    (b) What does Julien spend a lot of time doing?

    on the computer

    (c) What does Julien say about Christine?

    she is very small

Third Segment

3. (a) How does Alice describe Christine? (**one detail**)

    (b) How often do Julien and Christine exchange e-mails?

Fourth Segment

4. (a) Whose birthday is being celebrated this evening?

    (b) Where is the café?

    beside library

    (c) What had Alice promised to do for her father?

E

Your listening test will end with **five** short news items from French radio. Each item will be played **twice**. Listen carefully and answer the questions below.

First Item   TRACK 28

1. (a) Who is visiting China?

    (b) How long will the visit last?

Second Item   TRACK 29

2. (a) Why did so many people have to be evacuated from this area?

    (b) Who have stayed behind in the village?

3. (a) What happened to Jacques Deray this morning?

    _____

    (b) What kind of film is he associated with?

    _____

4. (a) When will the final take place between France and the USA?

    _____

    (b) What injury did Grosjean, the French Captain, sustain in his last match?

    _____

5. From the list of words given below, select the word which best describes the
    weather in **each** of the areas mentioned.

Dry – Frosty – Fine – Cloudy – Cold – Stormy

    (i) Northern France   _____

    (ii) the Mediterranean region   _____

2004 CD – TRANSCRIPTS

A. TRACK 17

Monsieur : S'il vous plaît, le prochain train pour Rennes, c'est à quelle heure ?
Femme :   À 10h14, monsieur.
Monsieur : Donnez-moi un aller simple pour Rennes, s'il vous plaît.
Femme :   Voilà, 13 euros 50.
Monsieur : Et il part de quel quai ?
Femme :   Quai numéro cinq, monsieur.
Monsieur : Merci, madame.

A. TRACK 18

Dîneurs :   Bonsoir, monsieur.
Maître d'hôtel : Bonsoir, messieurs/dames. Avez-vous réservé ?
Cliente :   Oui, nous avons réservé une table pour 20h30.
Maître d'hôtel : C'est à quel nom ?

La dame :	C'est au nom de Claudel.

La dame : C'est au nom de Claudel.

Maître d'hôtel : Bon, Claudel. Oui, voilà. J'ai une table pour quatre personnes ici, à côté de la fenêtre. Suivez-moi, s'il vous plaît.

A. TRACK 19

Lucien : Qu'est-ce que tu cherches, Marie.

Marie : Le jambon.

Lucien : Il n'y a plus de jambon. Je l'ai fini hier soir.

Marie : Ah, qu'est-ce que je vais mettre dans mon sandwich alors ?

Lucien : Il y a du fromage ou du saucisson.

Marie : Bof, moi, je voulais du jambon !

B. TRACK 20

1.

Bonjour, je m'appelle Chantal. J'ai vingt-neuf ans. Mon anniversaire est le 13 juin. Je suis née en Allemagne mais je suis en France depuis l'âge de deux ans.

J'habite un appartement dans la banlieue parisienne, à St. Denis. Mon appartement est au troisième étage d'un immeuble.

Je travaille comme professeur de danse dans le centre de Paris. Je mets vingt minutes pour aller à mon travail par le train. Comme passe-temps, j'aime bien faire de la natation et aller à la patinoire.

J'ai un petit ami, qui s'appelle Claude. Il a vingt-six ans. Il est facteur. Je l'ai rencontré en vacances l'année dernière.

B. TRACK 21

2.

Bonjour, je m'appelle Eric. J'ai 27 ans. J'habite un appartement à Bordeaux, mais, à vrai dire, je ne suis pas souvent là car je pars beaucoup en voyage à cause de mon travail. Je suis journaliste.

J'adore le métier de journaliste car je rencontre beaucoup de personnes très intéressantes. D'ailleurs, j'ai de la chance car c'est surtout dans le domaine du sport que je travaille. J'aime tous les sports ; le foot, la voile, l'athlétisme . . . mais ma grande passion, c'est le cyclisme. L'année dernière, j'ai écrit une série d'articles sur le Tour de France.

Pendant mon temps libre, j'aime partir en montagne faire des randonnées à pied et lire. J'aime aussi apprendre les langues étrangères. En ce moment, j'apprends le japonais, mais c'est dur ! Ma grande ambition? Acheter un bateau – un voilier – et traverser l'Atlantique.

C. TRACK 22

1.

Maman :	Paul, où vas-tu ?
Paul :	Je vais au rayon des disques, maman. Je vais regarder les CD.
Maman :	D'accord. On se retrouve à la sortie dans une vingtaine de minutes. C'est-à-dire à trois heures vingt.
Paul :	D'accord, maman . . . à la sortie . . . à trois heures vingt.
Maman :	Tu as ta montre, chéri, n'est-ce pas ?
Paul :	Oui, maman.

C. TRACK 23

2.

Patricia :	Salut, Franck.
Franck :	Salut, Patricia.
Patricia :	Oh ! Tu as un nouveau téléphone portable ?
Franck :	Oui, c'est un cadeau de ma mère. Elle me l'a offert parce que j'ai eu de bonnes notes en maths.
Patricia :	Super. C'est quoi, ton numéro ?
Franck :	C'est le 06 62 37 52 15.
Patricia :	Bon . . . je note . . . 06 62 37 52 15.
Franck :	Oui, c'est ça.

C. TRACK 24

3.

Professeur :	Laurent, où est ton devoir d'histoire, s'il te plaît ?
Elève :	Euh, c'est que . . . je ne le trou . . . enfin . . . c'est pour aujourd'hui ? Ah bon ?
Professeur :	Laurent, il est fait où il n'est pas fait, ton devoir d'histoire ?
Elève :	Ben, oui, il est fait, madame.
Professeur :	Alors rends-le-moi, donc.
Elève :	Ben . . . c'est que je travaillais là-dessus hier soir et mon père l'a pris . . . et . . .
Professeur :	Ton père l'a pris? Comment ça se fait. À quelle heure il te l'a pris ton père ?

Elève :	Un peu avant minuit.
Professeur :	Minuit ! Eh bien, voilà ! Maintenant je comprends ! Tu n'avais pas fait tes devoirs et ton père t'a dit d'aller te coucher. C'est ça ?
Elève :	Euh, oui, madame.

C. TRACK 25

4.

Guichet :	Théâtre Molière. Je vous écoute.
Client :	Je voudrais réserver deux places pour jeudi soir.
Guichet :	Oui, à quel nom ?
Client :	Au nom de Seurat. S-E-U-R-A-T.
Guichet :	Bon. Deux places au nom de Seurat. S-E-U-R-A-T. Vous pouvez retirer les tickets au guichet, monsieur.
Client :	Merci, madame.
Guichet :	Je vous en prie, monsieur. Au revoir et bonne journée.

C. TRACK 26

5.

Client :	Bonjour, Madame Pasquier. Combien coûtent les carottes, s'il vous plaît ?
Vendeuse :	1€20 le kilo, Monsieur Dupont.
Client :	Bon. Donnez-moi un kilo de carottes. Et vous avez des bananes aussi ? Elles sont à combien ?
Vendeuse :	1€70 le kilo, monsieur. Mais elles sont un peu vertes.
Client :	Ah, c'est vrai. Non, je n'en prends pas alors. Donnez-moi un kilo de ces poires-là. Elles ont l'air bonnes.
Vendeuse :	Oui, Monsieur Dupont. Les poires sont très bonnes. Elles sont juteuses et elles ne sont pas trop chères; 90 centimes d'euros le kilo. Voilà un kilo. Et avec ça ?
Client :	C'est tout pour aujourd'hui. Merci. Combien je vous dois ?
Vendeuse :	Ça fait 2€30, Monsieur Dupont.

D. TRACK 27

Julien :	Salut, Alice.
Alice :	Salut, Julien. Ça va ?
Julien :	Ça va . . . ça va. Quoi de neuf ?
Alice :	Pas grand chose . . . sauf que c'est bientôt les vacances et je pars en vacances chez mes cousins aux Pays-Bas.

Julien :	Aux Pays-Bas ! Je ne savais pas que tu avais des cousins hollandais.
Alice :	Ils ne sont pas hollandais mais ils se sont installés aux Pays-Bas il y a cinq ans à cause du travail de mon oncle. Il travaille pour une entreprise hollandaise.
Julien :	T'as de la chance . . . pauvre de moi . . . je passe tout l'été en France.
Alice :	Tu ne pars pas en vacances ?
Julien :	Non . . . tu vois . . . depuis que maman est tombée malade nous ne pouvons plus nous déplacer facilement.
Alice :	Ah oui ! Je comprends. Mais, dis-moi, j'espère que tu ne vas pas t'ennuyer tout seul ici.
Julien :	Ah, non! Moi, je ne m'ennuie jamais. Je passe beaucoup de temps à travailler sur l'ordinateur. Et puis, j'ai eu de bonnes nouvelles de ma copine Christine. Elle vient en France cet été.
Alice :	Christine ! C'est la belle petite Irlandaise avec qui tu sortais l'été dernier ?
Julien :	Oui, elle fait un stage linguistique à Paris et elle passera quelques jours chez nous.
Alice :	Tu dois être content. Mais vous vous écrivez tout le temps depuis, alors ?
Julien :	Oui, on s'envoie un email une fois par semaine. Mais, dis-moi, Alice, tu viens au café vendredi soir ? On fête l'anniversaire de mon frère Thierry.
Alice :	J'aimerais bien . . . mais . . . c'est quel café ?
Julien :	Celui juste après le pont: le Café du Coin. C'est à côté de la bibliothèque.
Alice :	Ah oui ! Mais moi, je ne suis pas invitée.
Julien :	Ecoute, Alice, Thierry, c'est mon frère, et en plus, il t'aime bien, tu sais.
Alice :	Oui, tu as raison.
Julien :	Bon . . . disons . . . vers 21 heures au Café du Coin ?
Alice :	Oui, mais j'aurai peut-être un peu de retard car j'ai promis à papa de laver sa voiture.

E. TRACK 28

1. Le premier ministre est parti ce matin en visite officielle en Chine pour trois jours. Il aura des discussions avec le premier ministre chinois sur des échanges économiques entre les deux pays.

E. TRACK 29

2. Des pluies exceptionnelles sont tombées hier dans la région du Var. Tous les habitants du village de St. Pierre ont dû être évacués quand un orage a provoqué des inondations. Le village reste sous deux mètres d'eau et les pompiers sont toujours sur les lieux.

E. TRACK 30

3. Le cinéaste, Jacques Deray, est mort ce matin dans sa villa près de Paris. Deray, qui avait 74 ans, était acteur avant de devenir réalisateur. Il était spécialiste du film policier.

E. TRACK 31

4. Tennis
La France jouera demain la finale de la Coupe Davis contre les Etats-Unis. Malheureusement pour les français leur capitaine Grosjean a été blessé au pied lors de son dernier match.

E. TRACK 32

5. Et maintenant la météo. Dans le nord de la France, le temps nuageux se prolongera. Dans la région méditerranéenne, il fera assez froid. Les températures ne dépasseront pas 5 degrés. Près de la frontière suisse, il y aura du vent, surtout le matin.

JUNIOR CERTIFICATE EXAMINATION, 2003

FRENCH – HIGHER LEVEL

SECTION I
Listening Comprehension (140 marks)

N.B. This section must be answered in English.

A   TRACKS 33, 34 AND 35

Your examination will start with **three** conversations. In the case of each conversation say whether it is about

(a) cancelling an appointment
(b) booking a meal in a restaurant
(c) asking for directions
(d) inviting someone to go out
    or
(e) calling somebody to get up in the morning

You will hear each conversation **twice**. You may answer the question after either hearing. Give the answer by writing *a*, *b*, *c*, *d*, or *e*, in the appropriate box below.

(i)   First conversation ☐

(ii) Second conversation ☐

(iii) Third conversation ☐

B

You will now hear **two** people introducing themselves, first François and then Agnès. Each of the recordings is played **three** times. Listen carefully and fill in the required information on the grids at **1** and **2** below.

1. First Speaker: François   TRACK 36

Name	François
Age	
Birthday	
How he gets to school	
One thing he says about his school	
Where he works at the weekend	
The kind of work he does (**one** detail)	
Two reasons why he likes his work	(i)
	(ii)

2. Second Speaker: Agnès   TRACK 37

Name	Agnès
Her town's best known product	
Two kinds of animals her father has	(i)
	(ii)
Two things she says about her grandmother	(i)
	(ii)
One ingredient of her favourite dish	
One of her pastimes	
Her future career	

C

You will now hear **five** separate conversations. Each one of them will be played **twice**. Listen carefully and answer the questions below.

First Conversation   **TRACK 38**

1. (a) What did the man leave behind on the train?

   _____

   (b) Write in the rest of his phone number.
   02.32. _____

Second Conversation   **TRACK 39**

2. (a) The lady is looking for directions to where?

   _____

   (b) What directions does the man give her?

   _____

Third Conversation   **TRACK 40**

3. (a) The man books a room for which day of the week?

   _____

   (b) Spell the man's surname. Write one letter in each box.

Fourth Conversation   **TRACK 41**

4. (a) What is the girl searching for?

   _____

   (b) Where were they found?

   _____

Fifth Conversation   **TRACK 42**

5. (a) The exam is in which subject?

   _____

   (b) What does François say is wrong with him?

   _____

D

Anne is talking to Benoît. You will hear their conversation **three times,** first in full, then in **four segments** with pauses after each segment and finally right through again. Answer the questions below.

First Segment   **TRACK 43**

1. (a) What was Jean-Philippe driving when he had the accident?

   _____

   (b) On which day of the week did it happen? _____

Second Segment

2. (a) What injury did Jean-Philippe sustain?

   _____

   (b) What did the lorry driver do wrong that caused the accident?

   _____

   (c) What was the occupation of the lady who came to help Jean-Philippe?

   _____

Third Segment

3. (a) What do they both decide to do on Tuesday? _____

   (b) Why is Tuesday afternoon not suitable for Benoît? _____

   (c) At what time do they arrange to meet? _____

Fourth Segment

4. (a) What present are they going to give Jean-Philippe?

   _____

   (b) What present would Benoît definitely not give?

   _____

E

Your listening test will end with **five** short news items from French radio. Each item will be played **twice**. Listen carefully and answer the questions below.

First Item   **TRACK 44**

1. (a) What caused the damage in the Var region?

_____

(b) About how many people were reported injured?

_____

Second Item   **TRACK 45**

2. (a) What did Daniel and Jacqueline do this morning?

_____

(b) In which country did Jacqueline study marketing?

_____

Third Item   **TRACK 46**

3. (a) Why is there concern about these beaches? _____

_____

(b) Name **one** species that may be in danger? _____

Fourth Item   **TRACK 47**

4. (a) When did this basketball match take place? _____

(b) Which country won by 82 to 80? _____

Fifth Item   **TRACK 48**

5. From the list of words given below, select the word which best describes the weather in **each** of the areas mentioned.

Sunny – Windy – Wet – Stormy – Cloudy – Cold

(i) the Paris region   _____

(ii) Normandy   _____

2003 CD – Transcripts

A. TRACK 33

Femme : Pardon, monsieur. Pour aller à la piscine, s'il vous plaît ?

Homme : La piscine, voyons, c'est tout près d'ici. Vous allez tout droit et puis vous prenez la deuxième rue à droite.

Femme : La deuxième à droite. D'accord. Merci, monsieur.

A. TRACK 34

Marc : Salut Christine.

Christine : Salut Marc. Ça va ?

Marc : Ça va. Dis, tu veux aller à la patinoire ce soir ?

Christine : Je veux bien. A quelle heure ?

Marc : Sept heures quinze. Ça te convient ?

Christine : Oui, très bien. À tout à l'heure, Marc.

Marc : À tout à l'heure, Christine.

A. TRACK 35

Marie : Allô, Josette ?

Josette : Oui ?

Marie : C'est Marie ici. Je te téléphone pour te dire que je ne pourrai pas aller au théâtre avec toi ce soir comme prévu.

Josette : Oh, c'est dommage, Marie. Qu'est-ce qui s'est passé ?

Marie : Mon oncle vient d'arriver aujourd'hui et Maman dit que je dois rester à la maison pour dîner en famille ce soir.

Josette : Oh, ne t'inquiète pas, Marie. Ce sera pour une autre fois.

B. TRACK 36

1. Bonjour. Je m'appelle François. J'ai quatorze ans. J'habite Saint-Étienne au centre de la France. J'ai deux sœurs et un frère. Mon anniversaire est le trente mars. Je vais au Collège du Moulin. Ma maison se trouve juste en face du collège et comme ça, je peux y aller à pied. En général, j'aime bien mon collège parce qu'il n'est pas trop grand et les profs sont sympathiques dans l'ensemble. Le week-end, j'ai un petit emploi. Je travaille dans une station-service où je m'occupe du lavage automatique des voitures. J'explique aux clients comment faire pour laver leur voitures. J'aime bien mon travail parce que je rencontre beaucoup de monde. Et puis, je gagne beaucoup d'argent aussi.

B. TRACK 37

2. Salut ! Moi, c'est Agnès Calmond. J'ai dix-sept ans et j'habite à vingt kilomètres d'une ville qui s'appelle Ambert. Ambert est surtout connue à cause de son fromage. C'est un très bon fromage bleu. Mon père est agriculteur. Il élève des vaches et des moutons. J'aime beaucoup travailler avec lui sur la ferme le week-end et pendant les vacances scolaires. Ma mère travaille à temps partiel à l'usine en ville où l'on fabrique le fromage. Ma grand-mère habite à côté de chez nous. Elle est vieille mais elle est très active. Elle fait tout son ménage elle-même. C'est une très bonne cuisinière. Pour les fêtes de famille, parfois elle prépare mon plat préféré. C'est un plat traditionnel fait avec du jambon, du chou et des pommes de terre. Comme passe-temps, j'aime bien me promener dans la nature. Et j'aime bien lire aussi, surtout les romans policiers. Plus tard, je voudrais être pharmacienne car, au lycée, ma matière préférée, c'est la chimie.

C. TRACK 38

1.

Femme : Allô ? Bureau des objets trouvés de la S.N.C.F. Je vous écoute.

M. Rocard : Bonjour, madame. J'ai oublié une veste en cuir noir dans le train de Toulouse cet après-midi.

Femme : Une veste en cuir, vous dites ?

M. Rocard : Oui, une veste noire en cuir.

Femme : Bon, si on la retrouve, où est-ce qu'on peut vous contacter ?

M. Rocard : Mon numéro de téléphone, c'est le 02.33.16.70.41.

Femme : Alors, je note. le 02.33.16.70.41. C'est à quel nom, monsieur ?

M. Rocard : Monsieur Jean Rocard.

Femme : Très bien, Monsieur Rocard. Au revoir.

M. Rocard : Au revoir, madame, et merci.

C. TRACK 39

2.

Femme : Excusez-moi. Où est la bibliothèque, s'il vous plaît ?

Homme : La bibliothèque, c'est très facile. Vous prenez la première rue à droite. La bibliothèque est juste après l'église.

Femme : Alors, je prends la première rue à droite, c'est juste après l'église, c'est ça ?

Homme : Oui, c'est ça.

Femme : Merci bien.

C. TRACK 40

3.

Réception : Hôtel de la Plage, bonjour.

M. Delvany : Bonjour, madame. Je voudrais réserver une chambre pour mercredi prochain, s'il vous plaît.

Réception : Mercredi prochain, voyons. Oui, c'est possible. Qu'est-ce qu'il vous faut comme chambre, monsieur ?

M. Delvany : Une chambre pour deux personnes avec salle de bains, s'il vous plaît.

Réception : Oui, très bien. C'est à quel nom s'il vous plaît, monsieur ?

M. Delvany : Monsieur Delvany. D-E-L-V-A-N-Y.

Réception : Alors, je répète: D-E-L-V-A-N-Y. Monsieur Delvany.

M. Delvany : Oui, c'est ça.

Réception : Très bien, monsieur. On attend votre visite avec plaisir.

C. TRACK 41

4.

Homme : T'as pas pris mes chaussures marron ?

Femme : Mais non. Elles ne sont pas dans ta chambre ?

Homme : Non, j'ai cherché partout mais je ne les trouve pas.

Femme : Oh toi, tu sais ! Viens, je vais t'aider à les chercher. Mais tiens, les voilà dans le salon derrière le canapé. Que t'es bête !

Homme : Dans le salon, derrière le canapé ? Ah bon.

C. TRACK 42

5.

Professeur : Alors, tout le monde a bien révisé pour notre petit examen d'espagnol ?

François (élève) : Pardon, monsieur, je peux sortir deux minutes ? Je ne me sens pas très bien.

Professeur : Ah bon ? Qu'est-ce que tu as ?

François (élève) : J'ai mal à la tête depuis ce matin. Je voudrais prendre quelque chose.

Professeur : Encore ? Mais tu avais aussi mal à la tête la dernière fois qu'on avait un examen d'espagnol, il me semble.

François (élève) : Mais non, monsieur.

Professeur : Si, si ! Toi, c'est toujours au moment d'un examen que tu as mal à la tête.

D. TRACK 43

Anne :   Tu sais que Jean-Philippe est à l'hôpital ?

Benoît : Quoi ? Jean-Philippe? Mais pourquoi ? Qu'est-ce qu'il a ?

Anne :   Eh bien, on m'a dit qu'il a eu un accident de moto. Jeudi.

Benoît : Jeudi dernier ? Mais on a joué au football ensemble jeudi dernier. Ça a dû lui arriver en rentrant à la maison après. Un accident de moto, ça alors ! Est-ce que c'est grave ?

Anne :   Ben, je crois qu'il s'est cassé la jambe, mais autrement ça va.

Benoît : Il s'est cassé la jambe, oh là là !

Anne :   Oui. Un camion a grillé un feu rouge à toute vitesse. Il a renversé Jean-Philippe qui passait sur sa moto.

Benoît : Est-ce que d'autres personnes ont été blessées ?

Anne :   Non, il n'y avait que Jean-Philippe. Une dame qui attendait pour traverser au feu est venue l'aider. Et, heureusement, elle était infirmière en plus.

Benoît : Et si on allait le voir à l'hôpital, tu veux ?

Anne :   Oui, bien sûr ! Il serait certainement content d'avoir de la visite. Quel jour est-ce que tu veux y aller ?

Benoît : Mardi après-midi. C'est possible pour toi ?

Anne :   Oui. Mardi après-midi, c'est bon. Vers quatre heures, ça te va ?

Benoît : Oh, non. Le mardi après-midi, je m'entraîne avec mon équipe de rugby. Mardi soir peut-être.

Anne :   Oui, très bien. Je passe te chercher chez toi à sept heures du soir. Et puis on peut prendre le bus qui passe devant l'hôpital.

Benoît : D'accord. Mardi à sept heures alors.

Anne :   D'accord. On devrait lui trouver quelque chose. Tu as une idée sur un cadeau ?

Benoît : Je parie qu'il a son téléphone portable à l'hôpital avec lui. On pourra lui offrir une carte pour son téléphone.

Anne :   Très bonne idée ! Et des fleurs aussi.

Benoît : Tu rigoles ? Non, les fleurs, c'est pour les filles.

Anne :   Moi je n'y vais pas avec des fleurs. Une carte pour son portable, ça suffit.

E. TRACK 44

1. Les grosses pluies de ces derniers jours ont provoqué des inondations dans le Var. Bilan de ces inondations : deux morts et une quarantaine de blessés. Des centaines de maisons sont en ruines dans les villages dévastés par les eaux.

E. TRACK 45

2. Le chanteur Daniel Balde s'est marié ce matin avec son premier amour Jacqueline Picot. Les deux étaient déjà très amis au lycée mais leur choix de carrière les a ensuite séparés pendant quinze ans, Daniel vers Paris et la musique, Jacqueline vers le Japon pour faire des études de marketing international. Les deux se sont retrouvés l'année dernière dans leur village natal lors d'une fête locale.

E. TRACK 46

3. Les plages de la Côte Rose au nord de la Bretagne sont en danger d'être polluées par une marée noire suite à un accident de pétrolier à quatre-vingts kilomètres de la côte. On craint aussi pour les oiseaux de mer et les poissons.

E. TRACK 46

4. La Belgique a fait un grand pas vers le titre de champion d'Europe de basket aujourd'hui. Ils ont battu la Suède par 82 à 80 dans une demi-finale très serrée. La finale aura lieu dimanche prochain entre la Belgique et la Croatie.

E. TRACK 48

5. Et maintenant la météo. Dans la région parisienne aujourd'hui, il fera un temps nuageux. En Normandie, le ciel sera plutôt dégagé avec du soleil presque partout.

JUNIOR CERTIFICATE EXAMINATION, 2002

FRENCH – HIGHER LEVEL

SECTION I
Listening Comprehension (140 marks)

N.B. This section must be answered in English.

A   **TRACKS 49, 50 AND 51**

Your examination will start with **three** conversations. In the case of each conversation say whether the people involved are talking about

(a) searching for something they had lost
(b) going to the library
(c) someone getting hurt
(d) going to the doctor,
   or
(e) buying clothes.

You will hear each conversation **twice**. You may answer the question after either hearing. Give the answer by writing *a*, *b*, *c*, *d*, or *e*, in the appropriate box below.

(i) First conversation ☐

(ii) Second conversation ☐

(iii) Third conversation ☐

B

You will now hear **two** people introducing themselves, first Philippe and then Odile. Each of the recordings is played **three** times. Listen and fill in the required information on the grids at **1** and **2** below.

1. First Speaker : Philippe   TRACK 52

Name	Philippe Dumont
His age	
His birthday	
Name of city where he lives	
His father's job	
His favourite type of music	
His **two** favourite subjects	(i)
	(ii)
His future career	

2. Second Speaker : Odile   TRACK 53

Name	Odile Lardin
Number of brothers	
Her age	
Where she works	
One of her pastimes	
One job her fiancé, Luc, has	
When they hope to get married	
Where Luc's house is situated	
One problem she will have after getting married	

C

You will now hear **five** separate conversations. Each one will be played **twice**. Listen carefully and answer the questions below.

First Conversation   TRACK 54

1. (a) This lady wants to go to which French city? _____

    (b) What kind of train ticket does she buy?_____

Second Conversation   TRACK 55

2. (a) The man is booking a meal to celebrate what occasion?

    _____

    (b) Spell the man's surname. Write one letter in each box.

Third Conversation   TRACK 56

3. (a) Name **one** thing that the man buys. _____

    (b) How much does he pay in total? _____

Fourth Conversation   TRACK 57

4. (a) Write in the rest of Claire's phone number. **05.63.** _____

    (b) When is her friend going to phone Claire? _____

Fifth Conversation   TRACK 58

5. (a) Why did Thierry and his father go away in the car?

    _____

    (b) Why was the basketball match cancelled?

    _____

D

Véronique is talking to Pierre. You will hear their conversation **three times**, first in full, then in **four segments** with pauses and finally right through again. Answer the questions.

First Segment   TRACK 59

1. (a) On which day does Pierre have music lessons? _____

    (b) How long has he been learning the violin?   _____

Second Segment

2. (a) What sport does Véronique love?   _____

    (b) When is she going to Switzerland?   _____

    (c) Where does Pierre invite her to go this weekend? _____

Third Segment

3. Give **two** reasons why Véronique can't go out at 8 o'clock in the evening.

    (a) _____

    (b) _____

Fourth Segment

4. (a) What is their speciality at the Café du Roi?   _____

    (b) Where is the Café du Roi located?   _____

    (c) What time do they arrange to meet on Saturday? _____

E

Your listening test will end with **five** short news items from French radio. Each item will be played **twice**. Listen carefully and answer the questions below.

First Item   TRACK 60

1. Two vehicles were involved in the accident. What were these two vehicles?

    (a) _____

    (b) _____

Second Item   TRACK 61

2. (a) When did this man die? _____

    (b) Where did he die?   _____

Third Item   TRACK 62

3. (a) What is this millionaire going to provide for the people of his native village?

_____

   (b) He made his fortune from which product?

_____

Fourth Item   TRACK 63

4. (a) In which country did the explosion take place? _____

   (b) What building was destroyed in the explosion? _____

Fifth Item   TRACK 64

5. What is the weather forecast for tomorrow morning in

   (i) the northern part of the country? _____

   (ii) the Mediterranean coastal area? _____

2002 CD – TRANSCRIPTS

A. TRACK 49

Christelle : Salut Céline.

Céline :   Salut Christelle, où tu vas ?

Christelle : Je vais à la bibliothèque, j'ai besoin d'un livre sur les oiseaux pour un devoir que je fais.

Céline :   À la bibliothèque? Eh bien, tiens . . . moi aussi je t'accompagne alors . . . un bout de chemin.

Christelle : Super ! On y va.

A. TRACK 50

Vendeuse : Bonjour, monsieur.

Client :   Bonjour, madame. C'est combien les chemises là-bas ?

Vendeuse : Elles sont 20 euros.

Client :   Vous en avez en jaune ?

Vendeuse : Jaune . . . jaune . . . voyons. En voilà une en jaune.

Client :   Très bien. Je la prends.

Vendeuse : Alors, voilà monsieur. Cela vous fait 20 euros, s'il vous plaît.

Client :   Voilà, madame.

Vendeuse : Merci, monsieur.

A. TRACK 51

Fille : Qu'est-ce que tu as René pour boîter comme ça ?

René : Je suis tombé en faisant du ski. Je me suis fait très mal au genou.

Fille : Mais tu t'es pas fait mettre un plâtre?

René : Non, mais ça fait drôlement mal de se fouler le genou comme ça !

B. TRACK 52

1. Bonjour. Je m'appelle Philippe Dumont. J'ai 14 ans. Mon anniversaire est le 25 mai. J'habite Cherbourg au nord de la France. J'ai une sœur et je n'ai pas de frères. Mon père est agent de police et ma mère est professeur de géo. J'aime la musique surtout la musique rock, mais je n'aime pas tellement la musique classique. À l'école, mes matières préférées sont la chimie et la physique et à l'avenir je voudrais devenir vétérinaire.

B. TRACK 53

2. Moi, c'est Odile Lardin. J'habite à Pau avec ma famille, c'est-à-dire mes parents et mes deux frères. J'ai vingt-quatre ans et je suis vendeuse dans une librairie. J'aime beaucoup mon travail parce que j'aime beaucoup les livres. Très souvent le week-end, je pars dans les montagnes avec des amis faire de la marche ou en hiver faire du ski. C'est comme ça que j'ai connu Luc, mon fiancé. Il est moniteur de ski. Il a vingt-six ans. En été, il est guide de haute montagne. Nous espérons nous marier l'année prochaine. Luc a déjà une jolie petite maison en montagne où nous allons habiter. Mon seul problème, c'est que la maison est très loin de Pau et je devrai changer de travail.

C. TRACK 54

1.

Cliente : Un billet aller-retour pour Dijon, s'il vous plaît.

Employé : Voilà madame, un billet aller-retour pour Dijon. Ça fait 30 euros, s'il vous plaît.

Cliente : Le prochain train part pour Dijon à quelle heure ?

Employé : À 17 heures 30, madame.

Cliente : À 17 heures 30. Ça va. Voilà 30 euros, monsieur.

Employé : Voilà madame. Bon voyage.   .

C. TRACK 55

2.

M. Arnaud : Allô! C'est bien le restaurant les Rascasses ?

Restaurant : Oui, monsieur.

M. Arnaud : Je voudrais réserver une table pour quatre personnes, s'il vous plaît.

Restaurant : C'est pour quel soir, monsieur?

M. Arnaud : C'est pour vendredi soir à 8 heures si possible. C'est l'anniversaire de ma femme.

Restaurant : Très bien, monsieur, et c'est à quel nom ?

M. Arnaud : Au nom de Arnauld. A-R-N-A-U-L-D.

Restaurant : Arnauld. A-R-N-A-U-L-D. C'est bien ça ?

M. Arnaud : Oui, c'est ça.

Restaurant : Bon, Monsieur Arnauld, à vendredi soir.

C. TRACK 56

3.

Client : Bonjour, madame. Un kilo de poires, s'il vous plaît.

Vendeuse : Voilà monsieur. Et avec ça ?

Client : Je vois que vous avez de belles pommes, là. Mettez-moi un kilo, s'il vous plaît.

Vendeuse : Voilà monsieur. Alors, voyons ça vous fait 3 euros 45 centimes en tout.

Client : 3 euros 45 centimes. Voilà madame.

Vendeuse : Merci, monsieur. Au revoir.

Client : Au revoir, madame.

C. TRACK 57

4.

Ami : Claire, c'est quoi ton numéro de téléphone ?

Claire : C'est le 05. 63. 01. 34. 12.

Ami : Encore une fois, s'il te plaît.

Claire : 05. 63. 01. 34. 12.

Ami : 05. 63. 01. 34. 12.

Claire : Oui c'est ça.

Ami : Bon, je te passe un coup de fil ce soir.

C. TRACK 58

5.

Mme. Boussard : Allô !

Jérôme : Bonjour, Madame Boussard. Jérôme à l'appareil. Est-ce que Thierry est là, s'il vous plaît ?

Mme. Boussard :	Eh non, Thierry n'est pas là. Il vient de partir en voiture avec son père. Ils vont chercher son frère à la gare. Vous voulez lui laisser un message ?
Jérôme :	Oui, s'il vous plaît. C'est pour lui dire qu'il n'y a pas de match de basket ce samedi. Il est annulé. L'autre équipe a des problèmes de transport. Le car qu'ils avaient loué est tombé en panne. Ils ne peuvent pas venir ce samedi. Alors on remet ça au week-end suivant.
Mme. Boussard :	Ah d'accord. Je lui dirai. Merci, Jérôme.
Jérôme :	Au revoir, madame.

D. TRACK 59

Pierre :	Salut Véronique.
Véronique :	Salut Pierre. Ça va ?
Pierre :	Oui et toi ?
Véronique :	Ça va. Où est-ce que tu vas comme ça ?
Pierre :	Je vais au cours de musique comme tous les mercredis.
Véronique :	Ah bon ? Je ne savais pas que tu jouais de la musique. Tu joues de quel instrument ?
Pierre :	Du violon. Ça fait deux mois seulement que je joue. Je suis débutant.
Véronique :	C'est super, ça. J'aimerais bien savoir jouer de la musique, mais moi je suis plutôt sportive.
Pierre :	Ah oui, c'est vrai. Tu fais beaucoup de cheval, n'est-ce pas ?
Véronique :	Oui. J'adore l'équitation. Tu sais que la semaine prochaine, je pars en Suisse participer à un concours.
Pierre :	Eh bien ? C'est formidable. Mais ce week-end qu'est-ce que tu fais Véronique ?
Véronique :	Eh bien, je fais rien de spécial. Tu sais, je vais peut-être aller en ville un peu avec mes copines.
Pierre :	Est-ce que ça te dirai d'aller au cinéma avec moi ? Il y a un bon film au Rex.
Véronique :	Ah oui ! Avec Serge Dulas. Il est super, oui, je l'aime bien.
Pierre :	Tu vas venir alors ?
Véronique :	Ben oui. Enfin ça dépend. C'est à quelle heure ?
Pierre :	On peut y aller dans l'après-midi. Si tu veux à quatre heures ou bien le soir à la séance de huit heures.
Véronique :	Non à huit heures, c'est trop tard parce que mes parents sortent et je dois m'occuper de ma petite sœur. Dans l'après-midi alors. La séance de quatre heures me conviendrait bien. On se retrouve où ?

Pierre : On peut se donner rendez-vous au Café du Roi. Ils ont de très bonnes glaces au Café du Roi. Ça te dit ?

Véronique : Ah oui. J'aime bien les glaces. Mais c'est où exactement le Café du Roi ?

Pierre : C'est le petit café juste en face de l'église. Alors on se retrouve au Café du Roi à disons . . . trois heures et demie.

Véronique : D'accord.

E. TRACK 60

1. Les informations
Accident auto/moto. Un accident entre une moto et une voiture a fait quatre blessées sur la RN 86 hier. Les victimes ont été transportées au centre hospitalier de Vienne.

E. TRACK 61

2. L'ancien champion de ski, Laurent Marius, est mort aujourd'hui à l'âge de soixante-sept ans. Marius qui était trois fois champion de France dans les années soixante est mort chez lui d'une crise cardiaque.

E. TRACK 62

3. Une bonne nouvelle pour le village de Tournée dans le Vaucluse. Le milliardaire Rémy Dubois, originaire de Tournée, offre une piscine aux habitants de son village natal. Monsieur Dubois a fait fortune en créant des vêtements de sport. Une idée qu'il a eu en attendant le car scolaire quand il était lycéen, en sortant des cours de E.P.S.

E. TRACK 63

4. Explosion à Barcelone
En Espagne, une bombe a détruit une banque et fait deux morts et trois blessés cet après-midi dans le centre de Barcelone.

E. TRACK 64

5. Et maintenant la météo. Temps variable dans l'ensemble du pays demain. Du soleil le matin dans la moitié nord du pays. Dans la moitié sud du pays, il fera frais, avec des températures qui ne dépasseront pas neuf degrés. Il fera du vent au bord de la mer méditerranée. Les vents deviendront plus forts en fin d'après-midi.

JUNIOR CERTIFICATE EXAMINATION, 2001

FRENCH – HIGHER LEVEL

SECTION I
Listening Comprehension (140 marks)

N.B. This section must be answered in English.

A   TRACKS 65, 66 AND 67

Your examination will start with **three** conversations. In the case of each
conversation say whether the people involved are talking about
(a)   a subject in school
(b)   a favourite television programme
(c)   a favourite animal
(d)   something to drink
      or
(e)   something to eat.

You will hear each conversation **twice**. You may answer the question after either
hearing. Give the answer by writing *a*, *b*, *c*, *d*, or *e*, in the appropriate box below.

(i)   First conversation   ☐

(ii) Second conversation   ☐

(iii) Third conversation   ☐

B

You will hear **two** extracts from a recording in which two people introduce
themselves. You will hear each extract **three** times. Listen and fill in the
information required on the grids at **1** and **2** below.

1. First Speaker

Name	**Annick Arramy**
Age	
Number of sisters	
One pet mentioned	
Two of her pastimes	(i)
	(ii)
Two countries she has visited	(i)
	(ii)
Her future career	

2. Second Speaker
TRACK 69

Name	**Philippe Carignon**
Name of city where he lives	
Colour of hair	
Colour of eyes	
How he travels to school	
Number of pupils in his school	
His **two** favourite subjects	(i)
	(ii)
His future career	

C

You will now hear **five** separate conversations. Each one will be played **twice**. Listen carefully and answer the questions.

First Conversation   TRACK 70

1. (a) At what time does the next train to Grenoble leave?

   _____

   (b) What is the second question that the man asks?

   _____

Second Conversation   TRACK 71
2. (a) What did these people have for dessert?

_____

   (b) How much was the total bill?

_____

Third Conversation   TRACK 72
3. (a) What directions are given to get to the library?

_____

   (b) Which building is beside the library?

_____

Fourth Conversation   TRACK 73
4. (a) Who has Annette gone to visit?

_____

   (b) When will Annette and Nathalie be going to the concert?

_____

Fifth Conversation   TRACK 74
5. (a) For which evening of the week does the woman reserve a table?

_____

   (b) Spell the woman's surname. Write one letter in each box.

D

Catherine is talking to Nicole. You will hear their conversation **three times**. First, you will hear it all right through; then in **four** segments with pauses and finally right through again.

First Segment   TRACK 75

1. (a) On which day of the week is Laurent's birthday?

   _____

   (b) What problem does Catherine say she has?

   _____

Second Segment

2. (a) What does Nicole suggest they should do?

   _____

   (b) What present did Catherine and her mother buy for her father?

   _____

Third Segment

3. (a) What does Nicole realise suddenly?

   _____

   (b) How does Catherine offer to help Nicole?

   _____

   (c) What present does Catherine suggest they should buy for Laurent?

   _____

Fourth Segment

4. (a) Why does Nicole think that Catherine's suggestion is not a good one?

   _____

   (b) Why does Catherine say they should **not** buy a camera for Laurent?

   _____

   (c) To which shop do they finally decide to go?

   _____

E

You will now hear **five** short news items. Each item will be played **twice**. Listen carefully and answer the questions below.

First Item   TRACK 76

1. (a) What did the robbers steal?

_____

    (b) How did they make their getaway?

_____

Second Item   TRACK 77

2. (a) What are going to be banned in schools?

_____

    (b) In which month will this ban come into force?

_____

Third Item   TRACK 78

3. (a) How exactly did the spectator cause the accident?

_____

    (b) What injury did the cyclist sustain?

_____

Fourth Item   TRACK 79

4. (a) President Chirac is on a visit to which country?

_____

    (b) On Sunday, what product will the President be sampling?

_____

Fifth Item   TRACK 80

5. (a) What is the weather forecast for the west during the afternoon?

_____

    (b) What weather can be expected in Haute-Savoie?

_____

2001 CD – TRANSCRIPTS

A. TRACK 65

Ami : Dis Hervé, je n'ai pas mon emploi du temps. Qu'est-ce qu'on a après la récré ?

Hervé : Heu . . . anglais, je crois.

Ami : Anglais, oh là là, mais je n'ai pas apporté mon livre. Je croyais qu'on n'avait pas anglais mardi.

Hervé : Oui, mais on n'est pas mardi aujourd'hui. On est lundi et on a un cours d'anglais à dix heures. Que tu es étourdi !

Ami : C'est pire que ça. J'ai pas fait mon devoir d'anglais pour Monsieur Lebrun. Ça va être ma fête !

A. TRACK 66

Fille : Quel est ton animal préféré, Pierre ?

Pierre : Il est difficile de dire. J'aime tous les animaux mais je crois que je préfère les chevaux quand même.

Fille : Les chevaux, tiens . . . et est-ce que tu sais monter à cheval ?

Pierre : Oui, oui, tous les étés je vais chez mes cousins à la campagne. Ils ont un cheval. Presque tous les jours, je fais des promenades à cheval dans la forêt ou dans les champs.

A. TRACK 67

Mère : Tu as faim, chérie ? Tu veux manger quelque chose ?

Fille : Oui, un sandwich au fromage, s'il te plaît.

Mère : Au fromage. Tu ne manges que ça, toi. Tu es sûre que tu ne veux pas autre chose ?

Fille : Non, non, c'est bon le fromage et c'est très nourissant.

Mère : Bon, c'est comme tu veux !

B. TRACK 68

1. Je m'appelle Annick Arramy. J'habite à Paris assez près du centre. J'ai quinze ans. Nous sommes six à la maison. Mon père, ma mère, mes deux sœurs, mon frère et bien sûr moi-même.

Nous avons un chat qui s'appelle Chipie. Il est très mignon et aussi un oiseau qui s'appelle Noir. Nous habitons un grand immeuble moderne de dix étages. J'aime beaucoup notre appartement parce que nous avons une vue magnifique de la Tour Eiffel.

Pour m'amuser, j'écoute de la musique, je fais de la natation à la piscine de l'école et je lis des romans. J'aime beaucoup voyager et j'ai déjà visité l'Espagne, la Norvège et la Pologne. Ça m'a beaucoup plu, surtout la Pologne. Après mes études, je voudrais devenir pilote. Comme ça je pourrai voyager partout.

B. TRACK 69

2. Je m'appelle Philippe Carignon et j'habite Lille, une ville industrielle dans le nord de la France. Lille se trouve tout près de la Belgique. Moi, je suis grand et mince. J'ai les cheveux noirs et les yeux bleus. Mon collège se trouve à trois kilomètres de chez nous et j'y vais tous les jours à vélo. Je suis en troisième dans le collège, qui est mixte. Il y a sept cent trente élèves. Mes matières préferées sont le français et l'allemand. Je suis nul en maths. Le prof de maths est trop strict et il nous donne trop de devoirs. Les sports pratiqués ici sont le hand, le basket, le football et la gymnastique. Je me passionne pour la mer et les bateaux et plus tard je voudrais devenir marin pêcheur.

C. TRACK 70

1.
Employée : Monsieur ?
Homme :   Je vais à Grenoble. Le prochain train part à quelle heure, s'il vous plaît ?
Employée : Le train part d'ici à huit heures cinq, monsieur.
Homme :   Et . . . il part de quel quai ?
Employée : Quai douze.
Homme :   Merci, madame.

C. TRACK 71

2.
Cliente : Monsieur, l'addition, s'il vous plaît.
Serveur : J'arrive. Alors voyons . . . euh trois plats du jour et vous avez pris un dessert ?
Cliente : Oui, on a tous pris une glace au citron.
Serveur : Alors, trois glaces au citron aussi, bien ça fait deux cent vingt-cinq francs en tout, madame.
Cliente : Voilà monsieur, deux cent vingt-cinq francs.

C. TRACK 72

3.

Homme : Pardon, madame. Pour aller à la bibliothèque ?

Femme : Alors, la bibliothèque. Prenez la troisième à gauche et vous la trouverez à côté de la mairie.

Homme : Alors . . . je prends la troisième à gauche et c'est à côté de la mairie.

Femme : Voilà, c'est ça.

C. TRACK 73

4.

Mme. Dubois : Allô !

Nathalie : Allô, Madame Dubois, c'est Nathalie. Est-ce que Annette est là ?

Mme. Dubois : Non, Nathalie, Annette n'est pas là. Elle est allée chez sa grand-mère.

Nathalie : Ah bon. Pouvez-vous lui dire alors que je viendrai la chercher pour le concert demain soir ?

Mme. Dubois : Demain soir. Bon d'accord ! Au revoir, Nathalie.

Nathalie : Au revoir, madame.

C. TRACK 74

5.

Restaurant : Allô. Restaurant Laurance Cass.

Mme. Aimard : Allô, bonsoir, monsieur. Je voudrais réserver une table pour quatre personnes pour jeudi soir, s'il vous plaît.

Restaurant : Très bien, madame. C'est pour quelle heure jeudi soir ?

Mme. Aimard : Disons . . . huit heures. C'est possible ?

Restaurant : Oui, madame. Huit heures. C'est parfait. C'est à quel nom ?

Mme. Aimard : Aimard.

Restaurant : Vous pouvez me l'épeler, s'il vous plaît ?

Mme. Aimard : Aimard. A-I-M-A-R-D.

Restaurant : Comment ? M-quoi ?

Mme. Aimard : Aimard. A-I-M-A-R-D.

Restaurant : A-I-M-A-R-D. Ah oui, Aimard. C'est ça ?

Mme. Aimard : Oui voilà !

Restaurant : Très bien, Madame Aimard. Une table pour quatre personnes pour jeudi soir à huit heures.

Mme. Aimard : Merci, monsieur, au revoir.

Restaurant : Merci, madame.

D. TRACK 75

Nicole :   Salut Cathérine. Tu sais que samedi c'est l'anniversaire de Laurent ? Il va avoir dix-sept ans.

Cathérine :   Ben oui. Je suis invitée chez lui, mais mon problème, c'est que je sais pas quoi lui offrir comme cadeau.

Nicole :   Eh bien ! Moi non plus ! Tiens Cathérine ! Si on se mettait ensemble pour faire les magasins. On trouverait bien quelque chose à toutes les deux.

Cathérine :   Oui, bonne idée ! Si on allait au centre commercial, il y a plein de bons magasins. La nouvelle bijouterie c'est pas mal. La semaine dernière, j'y suis allée avec maman et nous avons acheté une belle montre pour l'anniversaire de Papa.

Nicole :   Attends, Cathérine ! J'avais oublié. Je suis complètement fauchée et papa a déjà refusé de m'avancer mon argent de poche avant le week-end. Non, c'est pas possible. Je suis désolée !

Cathérine :   Ne t'inquiète pas, Nicole. Je te prête cent francs si tu veux. On pourrait lui offrir un joli cadeau. Si on lui achetait une belle chemise ?

Nicole :   Oh, je ne sais pas. Laurent ne s'intéresse pas trop aux vêtements. Mais la photo – il adore !

Cathérine :   Mais Nicole, un bon apppareil photo, c'est beaucoup trop cher pour nous.

Nicole :   Oui, mais on pourrait lui acheter un bon livre sur la photo ! Ils ont énormément de choix à la librairie du centre.

Cathérine :   Bon d'accord. On y va alors à la librairie ?

E. TRACK 76

1. Vol d'ordinateurs dans un centre commercial de la banlieue lyonnaise pendant la nuit. Les voleurs ont pris une trentaine d'ordinateurs. Ils ont pris la fuite dans un camion.

E. TRACK 77

2. Mauvaise nouvelle pour les jeunes utilisateurs de téléphones portables. Ces appareils vont être interdits dans les collèges et les lycées à partir du mois de janvier. Depuis quelque temps les professeurs se plaignent des interruptions de cours provoquées par les sonneries de téléphone.

E. TRACK 78

3. Un coureur cycliste a dû être hospitalisé hier après avoir fait une chute lors d'une descente rapide de montagne. L'accident a été provoqué par un spectateur qui a voulu traverser la route juste au moment où les premiers cyclistes arrivaient. La victime, âgée de vingt ans, s'est cassé la jambe.

E. TRACK 79

4. Le Président de la République est en visite officielle en Afrique du Sud. Monsieur Chirac assistera samedi a une démonstration des compétences acrobatiques de l'armée de l'air sud-africaine. Dimanche il va visiter les vignobles de la région avec dégustation des grands vins.

E. TRACK 80

5. Et maintenant la météo. Temps assez modéré sur la plupart du pays. L'après-midi il pleuvra dans l'Ouest. Bonne nouvelle pour ceux qui partent faire du ski. Il neigera en montagne. En Haute-Savoie, on prévoit trois à quatre centimètres de neige pour la plupart au cours de la nuit.

SECTION II
READING COMPREHENSION

(100 marks/31%)

Preliminary Suggestions

This section is sub-divided into 10 'Exercises'. Each exercise contains 10 different comprehension pieces, as in the exam.

POINTS TO REMEMBER

- ➡ It goes without saying that you should read the questions first. Then read the text. This way you know what to expect.
- ➡ Always be clear about the question. Never presume! So read each question carefully, e.g. 'What is not included? / 'What is included in the recipe?'.
- ➡ With MCQs, if you are not sure, make an educated guess. Remember, as mentioned earlier, you have one chance in four of being right.
- ➡ Furthermore, if you eliminate the other options in an MCQ, you can arrive at the right answer – without even knowing what it means.
- ➡ You are not allowed to insert more than one letter in each box. (Make sure that the letter is recognisable.)
- ➡ For every comprehension passage, there should be a title. Try to understand it. It's usually a clue to the central point of the passage – and therefore a hint for the answer to the central question.
- ➡ Don't write irrelevant material. This could reduce your marks. For example, if you have to name two countries that someone visited, do not name **six** so as to 'hit on' the correct two.
- ➡ It is very advisable to read the whole passage before answering the questions. The reason is that a full reading allows you a better understanding of the text – the tenses, time, setting, background, characters, theme, etc. It's important to get the gist of the text.
- ➡ Remember, you don't have to understand every word in the passage. You can get full marks through intelligent examination of the relevant sections; e.g. if there's a question about renting bikes, then look for something like

'location de vélos' and take it from there. In this way, you can both save time and eliminate irrelevant material.

➤➤ The questions are arranged in the same order as the answers appear in the text. There are no tricks!

➤➤ Underline the important question words, i.e. 'Why?' 'In what way?' 'Explain'. These are the key words. Underlining them helps to focus attention on them and avoid any misunderstanding of what is being asked.

➤➤ Remember! Always answer the comprehension questions in **ENGLISH** – **NOT** French (except obviously for proper names, e.g. Paris).

➤➤ It is worth noting that this section should be answered first, before the Written Section, as it will help to adjust your mind to thinking more in French, and so make fewer mistakes.

Sample Comprehension Exercises

EXERCISE 1

1. *(i)* If you were driving a car up a one-way street, which sign would you expect to find?

   a) sens unique   ❑
   b) autres directions   ❑
   c) déviation   ❑
   d) voie sans issue   ❑

   (ii) If someone was returning a book to his/her library, where would he/she go?

   a) librairie   ❑
   b) Maison de la Presse   ❑
   c) libre-service   ❑
   d) bibliothèque   ❑

2. Read the ingredients and instructions, then answer the questions:

Fondue au Chocolat

Pour 6 personnes:
Préparation : 20 mn.
300 g de chocolat Menier Pâtissier
12 cl de crème fraîche

Pour la garniture, au choix
- 1 kg de fruits (bananes, ananas, poires, cerises, kiwis, oranges, abricots, noix de coco, pommes, pruneaux)
- brioche, petits choux

- Faites fondre le chocolat au bain-marie avec 2 cuillerées à soupe d'eau.
- Mélangez la crème fraîche avec le chocolat fondu de façon à obtenir une sauce brillante et onctueuse.
- Maintenez cette sauce au chaud sans la faire bouillir.
- Plongez au choix dans cette fondue les quartiers de fruits, les morceaux de brioche, les petits choux.
- Veillez à disposer sur la table de petites coupes de noisettes, noix ou amandes hachées pour saupoudrer la bouchée au dernier moment.

(i) What are the two central ingredients?

_____

(ii) As an optional extra, name six items of fruit that could be added.

_____

(iii) What do you add to the melted chocolate at first?

_____

(iv) What must you avoid while keeping the sauce warm?

_____

Vocabulary:

pour la garniture = for dressing, trimmings
un bain-marie = double saucepan
une sauce onctueuse = a creamy sauce
les morceaux de brioche = pieces of a bun (bread roll)
veillez à disposer … = make sure to have ready …
saupoudrer = to sprinkle, dust, powder

3.

Planchez, canotez, pêchez, jouez au volley-ball, au tennis, à la pétanque . . .
ET PUIS REPOSEZ-VOUS DANS VOTRE MAISON AU BORD DU LAC

**LES FORESTIÈRES DU LAC
A MISY-SUR-YONNE**

A 92 km de Paris-Sud, passez des week-ends sportifs, au calme, dans un domaine de 90 ha. avec un immense plan d'eau de 60 ha. Votre maison est au bord de l'eau. Elle est très confortable, construite tout en bois : cheminée dans le séjour (en option), chauffage individuel, cuisine équipée. Terrasse et jardin privatif.

Sur place, nombreuses activités nautiques et sportives – Club-house – Terrain d'aventures pour les enfants – Gardiennage.

(i) Name four sporting activities that one can enjoy while holidaying in these chalets.

_____

(ii) Name four positive aspects/features of one of these holiday homes.

_____

(iii) What is on option for the resident?

_____

(iv) What facility is provided for children?

_____

4.

Ne pas se défier de l'eau qui bout

La pause-café, ça redonne des forces. La 'cup of tea', c'est le remède souverain contre la fatigue. Pour faciliter la détente, voici une bouilloire électrique de grande contenance (1,7 litre) qui ne met que trois minutes pour faire bouillir un litre d'eau. Côté sécurité : il y a une protection contre la marche à vide, l'arrêt est automatique dès ébullition.
(Bouilloire KG 66 – 23 € environ, Rowenta)

Vocabulary:

une bouilloire = a kettle
ça redonne = it gives back
la détente = relaxation
l'ébullition = the boiling
dès = from the moment of; right from

(i) What is said in favour of a tea-break?

_____

(ii) What is the advantage of this new kettle?

_____

(iii) What is the maximum amount of water it can hold?

_____

(iv) What is the safety aspect of the kettle?

_____

5.

Le golf victime du Golfe

Il est d'ores et déjà impossible de trouver une chambre libre à proximité du golf d'Augusta pour les Masters de golf qui s'y dérouleront du 8 au 14 avril. Pour cause de Golfe (avec un 'e'). L'armée américaine a, en effet, réquisitionné deux cents chambres dans la région pour permettre aux G.I. souffrants de troubles nerveux après la guerre de récupérer de leur fatigue.

Why is it impossible to find a bedroom available during the US Masters Golf Tournament in Augusta?

Vocabulary:

d'ores et déjà = already
à proximité de = near
… qui se dérouleront = which will be taking place (se dérouler = to unfold, as in an event or plot in a novel)
permettre à = to allow, enable (someone to do something)

6. L'aveu de Roethlisberger

L'arbitre suisse Kurt Roethlisberger a reconnu avoir commis une erreur en ne sifflant pas un penalty en faveur de la Belgique lors du match gagné (3–2) par l'Allemagne. 'Je suis confus mais j'étais masqué par un joueur sur cette action et je n'ai pas vu la faute', a confié le 'sifflet' helvétique pour qui la Coupe du monde s'est arrêtée à Chicago. Une mince consolation pour la Belgique dont la réclamation officielle n'a aucune chance d'aboutir.

(i) What nationality is Kurt Roethlisberger?

_____

(ii) What has he admitted?

_____

(iii) What is his explanation for the decision that he made during the match?

_____

(iv) Which country won the match?

_____

Vocabulary:

lors du = at the time of
mince = slight; thin
aboutir = to succeed

7. CHIRURGIE
La greffée juge son visage « mieux qu'avant ».

« Elle va impeccablement bien. Elle est très heureuse.» Selon le médecin qui l'a opérée, Isabelle D., cette mère de famille de 38 ans qui a bénéficié la semaine dernière à Amiens (Somme) de la première greffe partielle de visage au monde, entame une convalescence prometteuse. «L'aspect du greffon est normal, a assuré hier le professeur Dubemard, chef du service chirurgie à l'hôpital Edouard-Herriot de Lyon (Rhône), où la patiente a été transportée pour la phase postopératoire. Elle trouve même son visage mieux qu'avant, voilà de quoi balayer les controverses éthiques. »

La jeune femme, originaire de Valenciennes (Nord) et mère de deux enfants, avait été gravement défigurée par son chien en mai dernier. Lors de cette intervention inédite, on lui a apposé le triangle nez-lèvres-menton provenant d'une donneuse, dont il faut maintenant s'assurer qu'il ne sera pas rejeté. Sa sortie de l'établissement n'est donc pas prévue avant quatre à six semaines. Mais elle n'en aura pas fini pour autant puisque, selon les spécialistes, il lui faudra au moins six mois avant de retrouver les mêmes motricité et sensibilité que sur son visage précédent, sans compter les effets psychologiques à surmonter.

(i) What was so unusual about Isabelle's operation?

_____

(ii) Who is Prof. Dubemard?

_____

(iii) What incident persuaded her to have this operation?

_____

(iv) Name three parts of the body which were offered by a donor?

_____

(v) How long will she have to stay in hospital?

_____

8.

FOOTBALL

Des insultes racistes contre Vieira

1. Le racisme gagne du terrain en Italie. Le Brésilien de la Juventus, Emerson, a révélé hier soir que des insultes racistes avaient été proférées par les supporters de la Fiorentina à l'encontre de son coéquipier Patrick Vieira, lors du succès de la Juve (2–1). « Pendant le match, il (Vieira) a été insulté, a déclaré le milieu de terrain brésilien. C'est triste d'être toujours confrontés aux mêmes vieux problèmes alors qu'on est presque en 2006. »

2. Vieira, irrité par le comportement des supporters toscans, a manifesté sa colère par un geste en fin de rencontre. Cet incident intervient une semaine après les cris racistes des tifosi de l'Inter visant le défenseur ivoirien de Messine, Mark Zoro, lors du match de L1 remporté par les Milanais (2–0). Zoro, 21 ans, en larmes, avait menacé de quitter le terrain, et demandé à l'arbitre de suspendre le match. Sans réussite.

3. D'autre part, jeudi soir, en huitième de finale aller de la Coupe d'Italie, la rencontre Fiorentina-Juventus avait été interrompue à la 55e minute suite à des incidents dans les tribunes avant de reprendre quelque quarante minutes plus tard...

(i) According to the opening sentence, racism is gaining ground in Italy. True or false?

_____

(ii) What position does Emerson play? (part 1)

_____

(iii) How did Vieira react to racist abuse at a match? (part 2)

_____

(iv) What nationality is Mark Zoro? (part 2)

_____

(v) How did Zoro react to the abuse aimed at him? (part 2)

_____

(vi) At what stage in the Italian Cup did this match take place? (part 2)

_____

(vii) Where did the incidents take place? (part 3)
      a) In the terraces   ❐
      b) In the stand   ❐
      c) On the pitch   ❐
      d) In the tunnel   ❐

(viii) For how long was the match delayed? (part 3)

_____

9.

CRI D'ALARME

Le tiers-monde manque de vaccins

L'Organisation mondiale de la santé, l'Unicef et la Banque mondiale viennent de publier un rapport alarmant sur le manque de vaccinations dans les pays en développement. Le risque numéro un : voir se propager à nouveau des maladies que l'on pensait enrayées comme la tuberculose et le tétanos. "Dans de nombreuses régions du monde, il est habituel, et non pas exceptionnel, que des enfants meurent de maladies courantes comme la rougeole qui, à elle seule, est responsable de 700 000 décès par an. Nous devons agir rapidement pour garantir partout, aux enfants comme aux adultes, l'accès aux vaccins indispensables", a déclaré le docteur Gro Harlem Brundtland, directeur général de l'OMS.

(i) Which two organisations have published a report on the third world?

_____

(ii) What problem is highlighted in the report?

_____

(iii) What disease is responsible for 700,000 deaths?

_____

(iv) What must be guaranteed, according to Dr Brundtland?

_____

10.

Dr Dustin et Mr Hoffman

De notre correspondant à Los Angeles

Dustin Hoffman, 58 ans, deux fois oscarisé en trente ans de carrière, change de registre avec 'Alerte !', thriller médical sur l'origine d'un virus mortel qui ravage une petite ville des États-Unis et risque d'anéantir le pays entier. Film-catastrophe high-tech, 'Alerte !'

1. ***L'Express : On n'a pas l'habitude de vous voir dans ce genre de film . . .***
DUSTIN HOFFMAN : Je m'y trouve d'ailleurs par accident. Harrison Ford tenait à prendre une année sabbatique et Tom Cruise avait refusé le rôle.

2. ***Comment choisissez-vous vos rôles ?***
Je suis également curieux de nature, toujours prêt à croire que, si je m'intéresse à quelque chose, le public s'y intéressera aussi. Je m'efforce de continuer à faire des films qui me surprennent.

3. ***Quel est pour vous l'aspect le plus frustrant de ce métier ?***
De ne pouvoir donner que rarement le meilleur de soi-même. Un sculpteur a tout loisir de revenir sur son œuvre, de la modifier, s'il n'est pas satisfait. Au théâtre, vous avez l'occasion d'améliorer votre prestation au fur et à mesure des représentations . . . C'est cela, l'art. Et c'est ce qu'un film devrait toujours être. Malheureusement, on vous refuse le droit à l'erreur.

4. ***En 1966, vous avez tourné une publicité pour Volkswagen. Quelle était votre ambition, à cette époque ?***
De travailler régulièrement. Je venais de me faire connaître au théâtre, off-Broadway, après avoir aussi mis en scène quelques pièces, et pour la première fois je n'avais plus besoin de travailler comme serveur ou garçon de salle pour survivre.

(i) How many times has Dustin Hoffman won an Oscar? (introduction)

_____

(ii) For how many years has he been an actor? (introduction)

_____

(iii) Describe, briefly, the theme of the film 'Alert'. (introduction)

_____

(iv) Was Hoffman the first choice for the role? Justify your answer. (part 1)

_____

(v) On what basis does he choose his roles? (Give one point.) (part 2)

_____

(vi) What does Hoffman find most frustrating about his job? (part 3)

_____

(vii) When he appeared in an advertisement for Volkswagen, what was his ambition at that time? (part 4)

_____

Vocabulary

anéantir = to annihilate
on a l'habitude de (voir) = we're used to (seeing)
tenir à = to be intent on
je m'efforce de = I try to
son œuvre = his work
améliorer sa prestation – to improve one's performance
au fur et à mesure = as you go along
tourner = to film

EXERCISE 2

1. Signs
    (i) If a shopper wanted to go to a jeweller, what sign would they look for?

    a) Mercerie   ❒
    b) Bijouterie   ❒
    c) Boulangerie   ❒
    d) Boucherie   ❒

    (ii) If the same shopper wished to buy nuts and bolts, where would they go?

    a) Bibliothèque   ❒
    b) Laiterie   ❒
    c) Quincaillerie   ❒
    d) Librairie   ❒

2.

GRATUIT

**INFORMATION POUR
TOUS CEUX QUI FUMENT**

Ce bon est à découper et à retourner à :
Centre de Recherche et d'Information
Le Mont Vial – 06707
Saint-Laurent-du-Var cedex

Veuillez S.V.P. indiquer:

Votre âge : _____

Depuis quel âge fumez-vous ? _____

Combien de cigarettes par jour ? _____

blondes ☐   brunes ☐

Quel est votre poids actuel ? _____

Oui, j'aimerais moi aussi perdre mon envie
de fumer, vite et facilement. Votre offre
entièrement gratuite m'intéresse. Il est bien
entendu que cela ne m'engage absolument
pas à acheter quoi que ce soit et personne
ne me rendra visite.
    Veuillez me faire parvenir votre envoi
d'urgence, sous pli discret, sans aucune
marque extérieure.

Nom : _____

Prénom : _____

Adresse : _____

_____

_____

Code Postal : ___ ___ ___ ___ ___

Ville : _____

(i) For whom is this information intended?

_____

(ii) How much does it cost?

_____

(iii) One question on the coupon concerns a person's weight.

True ☐   False ☐

(iv) Which of the following statements are true?
(Tick two correct boxes)

a) I will buy something absolutely. ☐
b) Someone will contact me.   ☐
c) Nobody will call on me.   ☐
d) I don't have to buy anything.   ☐

3.

À vos marques

La marque Lacoste, représentée par le 'crocodile vert', complète sa collection printemps-été, destinée aux enfants par un modèle de chaussures en toile, à lacets, décliné dans les coloris classiques du polo : blanc, bleu amiral, rouge et vert gazon qui existe du 28 au 34 (25 €).

M.–C. C.

Boutique Lacoste, 37, boulevard des Capucines, 75002 Paris.

(i) Describe the shoes mentioned here (two details).

_____

(ii) In what colours are they being made available? (Name three.)

_____

(iii) For what time of the year are they intended?

_____

Vocabulary:

la marque = brand

4. Offre d'Emploi

Jobs

Tu as entre '20 et 25 ans'.
Tu as un très bon look.
Tu veux gagner de l'argent pendant juillet et août. Nous te recherchons que tu sois fille ou garçon pour être

VENDEUR ADIDAS

Rendez-vous 3, rue du Louvre entresol de 10h à 13h mercredi 22 et jeudi 23 juin. Viens obligatoirement avec ton CV et une photo.

(i) What job is advertised here?

_____

(ii) Name two requirements for the job.

_____

(iii) What are the appointment times and dates?

_____

(iv) What is obligatory?

_____

5.
> **PLOMB. Un retraité a tué son fils d'un coup de carabine de chasse** samedi à Thiberville (Eure), alors qu'il l'avait pris pour un cambrioleur. Le retraité et sa femme étaient couchés, lorsque la victime est entrée chez eux par effraction. Le père a alors saisi sa carabine et a tiré, tuant sur le coup son fils qu'il n'avait pas revu depuis plusieurs années à la suite de différends familiaux. Le meurtrier a été placé en garde à vue.

(i) Why did the retired man kill his son?

_____

(ii) What weapon did he use?

_____

(iii) Why had the father and son not seen each other for several years?

_____

Vocabulary:

est entré(e) par effraction = broke in
sur le coup = on the spot, at once
placé en garde à vue = kept in police custody

6.

« Histoire de famille

**Je fais de la généalogie depuis deux ans et demi, et c'est vraiment super !
J'aimerais le conseiller aux lectrices, car j'ai eu la chance de retrouver trois
cousins grâce à ça. Nous avons échangé nos renseignements et je suis remontée
jusqu'en 1570 d'un côté de ma famille. Je pense que je vais bientôt créer mon
site. C'est passionnant, essayez ! »**

MARIE (RENNES)

Salut Marie, c'est cool de nous faire partager ta passion, les lectrices auront peut-
être envie de faire comme toi. Le site Internet de l'Association française de
généalogie permet de se familiariser avec cette activité, on y retrouve les
ressources utiles, les informations légales . . . Pour en savoir plus, rendez-vous sur
www.afg–2000.org.

(i) What is Marie interested in?

_____

(ii) How has it helped her?

_____

(iii) How could people find out more about this activity?

_____

7.

Mettez-vous à table

Pour un jeune couple qui s'installe, deux
'duos' en acier comprenant chacun cinq
pièces : un couteau, une cuillère et une
fourchette de table, un couteau à dessert
et une petite cuillère. Elégants, ils sont
accompagnés d'une fourchette et d'une
cuillère pour servir.

(i) What is the cutlery made of?

_____

(ii) Name the five items.

_____

(iii) What accompanies this collection?

_____

8.

Steak tartare
Pour 4 personnes
Préparation 10 mn

600 g de bœuf haché, 2 jaunes d'œufs, 1 oignon, 1 échalote, 1 cuil. à café de câpres, persil, ketchup, poivre en grains, sel, Worcestershire sauce, tabasco, huile.
La garniture : 12 tranches de pain de mie, 2 endives.

1. Chosissez de beaux morceaux de rumsteak maigres et faites-les hacher par votre boucher. Dans un saladier ou un grand plat creux, commencez par assaisonner généreusement la viande avec sel et poivre en grains moulu. Hachez finement l'oignon, l'échalote et le persil. Mélanger ces aromates à la viande.

2. Complétez avec les jaunes d'œufs, les câpres, 1 cuil. à soupe de ketchup, ½ cuil. à café de tabasco. Liez avec un filet d'huile, mélanger énergiquement le tout pour obtenir un mélange homogène.

3. Epluchez, lavez et épongez les endives. Coupez-les en deux. Creusez la partie amère à la base. Dans un plat de service, disposez la viande, décorez avec du persil. Dressez autour les tranches de pain de mie grillées ainsi que les moitiés d'endives. Les feuilles d'endives et les toasts pourront être croqués après avoir été garnis de viande.

(i) What should you ask your butcher to do? (1st instruction)

_____

(ii) How do you begin the preparation? (1st instruction)

_____

(iii) What do you do with the chicory? (3rd instruction)

_____

(iv) When do you add the parsley?

_____

Vocabulary:

une échalote = shallot
les câpres = capers
le persil = parsley
du pain de mie = sandwich bread (loaf)
des endives = chicory
un plat creux = a (hollow) empty dish
des aromates = seasoning

9.

Marine, chef de meute

Dans quelques jours, elle sera au départ du Trophée de Savoie, l'une des courses de chiens de traîneau les plus importantes en France. Rencontre avec Marine, une Savoyarde de 14 ans qui n'a pas froid aux yeux.

1. Lolie : Comment est née cette passion ?
Marine : Toute petite, je partais déjà en randonnée avec ma mère. Elle m'a très vite initiée à la conduite d'attelage et communiqué sa passion. Je n'avais que 4 ans quand j'ai dû faire mes preuves sur un traîneau offert pour Noël, et 8 ans lors de mes débuts en compétition.

2. Lolie : Qu'aimes-tu dans cette activité ?
Marine : Le plaisir que j'éprouve vient, bien sûr, de l'environnement dans lequel on évolue. La nature, les grands espaces enneigés ou la forêt. Mais aussi de l'échange avec les chiens. On a vraiment l'impression de former une équipe.

3. Lolie : Comment réussis-tu à concilier ta pratique régulière et tes cours en classe de 4e ?
Marine : J'habite dans le massif des Bauges (à côté de Chambéry) et je peux partir depuis la maison dès qu'il y a de la neige. C'est un énorme avantage. J'harnache parfois les chiens en rentrant de classe, sur un coup de tête, pour faire une rando dans les environs. Pendant les compétitions, c'est plus dur à gérer. Mais je fais toujours passer mes devoirs avant le traîneau.

4. Lolie : As-tu une préférence entre randonnée et compétition ?
Marine : Ce sont deux pratiques complètement différentes. J'adore randonner et bivouaquer. Dormir sous la tente au chaud dans mon duvet alors que la température extérieure peut descendre en dessous de 0°C. Et tout en sachant que le lendemain je vais me réveiller en pleine nature, au milieu de la forêt, et remonter sur le traîneau. C'est génial. En course, c'est la vitesse qui est grisante, surtout dans les descentes, et l'effort commun du musher (ndlr: le conducteur de traîneau) et des chiens, leur complémentarité.

5. Lolie : Quels rapports entretiens-tu avec les chiens ?
Marine : Shamlang, Chaussette, Patchouli et tous les autres sont vraiment intégrés à la famille. Je les considère comme des frères. Je les nourris et je les soigne moi-même. Cela représente beaucoup de travail, mais ce n'est pas une corvée car ça me plaît énormément de prendre soin d'eux...

6. Lolie : Est-ce plus dur pour une fille ?
Marine : C'est vrai qu'en compétition, il n'y a pas beaucoup de filles. Encore moins de mon âge... Ceci dit, la force n'est pas vraiment un avantage. Par contre, il est evident que la légèreté, l'endurance et l'entente avec les chiens sont des points forts déterminants. Et ce ne sont pas forcément des qualités masculines...

(i) How did Marine get her passion for training tracker dogs? (part 1)

_____

(ii) Mention two things that she enjoys about this activity. (part 2)

_____

(iii) What is the advantage of where Marine lives? (part 3)

_____

(iv) How does she find time for schoolwork and practising with the dogs? (part 3)

_____

(v) What does she like about cross-country? (part 4)

_____

(vi) What is different about competing? (part 4)

_____

(vii) Give two examples to show how much she loves her dogs. (part 5)

_____

(viii) According to Marine, what is it not necessary to have in order to succeed in competitions? (part 6)

_____

10.

Sophie Ellis Bextor
BIO EXPRESS

1.
> **_Nom :_** Sophie Ellis Bextor.
> **_Née le :_** 10 avril 1979, à Londres.
> **_Signe astrologique :_** Bélier.
> **_Nationalité :_** Anglaise.
> **_Signes particuliers :_** A cessé de fumer et essaie d'apprendre le français.
> **_Études :_** Bac.
> **_Premier succès :_** En 1997, au sein du groupe The Audience.
> **_Premier single solo :_** _Take Me Home,_ en 2001.
> **_Premier album :_** _Read My Lips,_ en 2002.

Après avoir contribué au succès du groupe anglais The Audience, Sophie Ellis Bextor s'est lancée dans une prometteuse carrière solo. Savant mélange d'électro-disco, son premier album, _Read My Lips,_ offre des titres pleins de pep taillés pour être des tubes.
Mais la belle sait garder la tête froide.

➡

2. Lolie : Comment as-tu enregistré cet album ?

Sophie Ellis Bextor : Nous avons travaillé de novembre 2000 à juin 2001. Je voulais faire de la pop. J'avais une grosse pression à cause du succès du titre *Groovejet*, que j'avais enregistré avec DJ Spiller un an avant et qui a très bien marché dans toute l'Europe. Malgré tout, je crois que j'étais assez à l'aise.

L. : Est-ce vrai que Moby a refusé de travailler avec Madonna pour collaborer avec toi ?

S. E. B. : *(Rires).* C'est ce que certaines personnes ont dit, mais cela n'a aucun lien. Je l'ai rencontré à New York, dans son studio d'enregistrement, et nous avons partagé nos idées. Ce fut un vrai plaisir.

3. L. : Tu as arrêté tes études à 18 ans, tu ne le regrettes pas ?

S.E.B. : Non. Je crois que chacun suit son parcours. Au niveau du lycée, j'ai fini en obtenant mon diplôme. Même si, pour l'instant, je n'en ai pas le projet, rien ne dit que je ne m'y remettrai pas plus tard. Je pense qu'il est important d'avoir une éducation et une bonne culture.

4. L. : Ton conseil aux lectrices de *Lolie* pour séduire un garçon ?

S.E.B. : Avant tout, restez cool, soyez amicales et souriez. Tout le monde se sent attiré par les gens qui rient et s'amusent. Et surtout, ne vous forcez pas à faire des choses dont vous n'avez pas envie !

L. : Est-ce important pour toi d'être une femme ?

S.E.B. : Oui ! Car sinon je ne pourrais pas porte les vêtements que j'aime *(rires)* ! Plus sérieusement, j'adore être une fille. Nous avons beaucoup de qualités: la gentillesse, la sensibilité, la douceur . . .

(i) What is Sophie's star sign? (part 1)

_____

(ii) What has she stopped doing? (part 1)

_____

(iii) She knows how to keep a cool head. True or false? (part 1)

_____

(iv) Why did she come under so much pressure? (part 2)

_____

(v) How did *Groovejet* do in the European charts? (part 2)

_____

(vi) Where in New York did she meet Moby? (part 2)

_____

(vii) Why does she not regret finishing her studies at 18? (Part 3)

_____

(viii) What advice does she give girls who want to attract a boy? (Part 4)

_____

(ix) What does Sophie advise people not to do? (part 4)

_____

(x) In Sophie's opinion, which three qualities do girls have? (Part 4)

_____

EXERCISE 3

1. *(i)* Which of the following is a police station?

        a) Station   ❒
        b) Gare   ❒
        c) Routier   ❒
        d) Commissariat   ❒

    (ii) Which sign would tell you that a shop is having a sale?

        a) Solde   ❒
        b) Vente   ❒
        c) Achat   ❒
        d) Produits   ❒

2.

Bayonne. Le cadavre d'un homme d'une quarantaine d'années a été découvert samedi dans l'Adour, à Bayonne (Pyrénées-Atlantiques). L'homme, dont le corps flottait dans un filet à anchois, aurait séjourné au moins trois jours dans l'eau. Habillé, mais n'ayant aucun papier sur lui, il n'a pu être identifié.

(i) How old was the man whose body was discovered?

_____

(ii) Where **exactly** was he found?

_____

(iii) How was he described, other than age? (one detail)

_____

3.

> **À PARTIR DE 40 € PAR CHAMBRE PAR NUIT !**
> Accordez-vous une petite pause de deux nuits ou plus grâce à l'offre exceptionnelle 'Summer Special' d'Holiday Inn. À partir de 40 € par nuit, cette formule vous propose une chambre tout confort pour un maximum de deux adultes et deux enfants, ainsi que le petit déjeuner-buffet. À vous de venir en profiter pleinement dans près de 100 hôtels Holiday Inn en Europe. Contactez-nous dès aujourd'hui, le nombre de chambres est limité !

(i) What is included in the €40 price?

_____

(ii) When should interested people make their bookings?

_____

Vocabulary:

profiter de = to take advantage of
pleinement = fully

4. The following is a menu from a French restaurant.

Entrée
Salade de pâtes froides
Salade d'épinards
Assiette de crudités
 	
Plats
Poulet-frites
Steak tartare
Rôti de porc aux pommes
Coq au vin
 	
Légumes
Haricots verts au beurre
Petits pois au beurre
 	
Desserts
Choix de glaces
Choix de fromage
Gâteau au chocolat
 	
Service 15% non-compris.
Boissons en sus.
	In each case, write a, b, c, or d in the box provided.
	1. Which of the following **is** listed on the menu?
	   a) trout
	   b) roast beef
	   c) chicken
	   d) veal
	
	2. Which of the following **is not** listed?
	   a) raw vegetables
	   b) ice cream
	   c) turkey
	   d) spinach
	
	3. Which of the following statements **is true**?
	   a) Drinks are extra.
	   b) Service is included.
	   c) The main course includes steak and chips.
	   d) Dessert includes fruit.

5.

IRAN. Les autorités brouillent les émissions de télévisions étrangères diffusées par satellite. Depuis samedi, les habitants de Téhéran équipées d'une antenne parabolique ne peuvent plus recevoir une trentaine de chaînes américaines, européennes et asiatiques diffusées par Asiasat et Arabsat.

(i) What decision has Iran made regarding television?

_____

(ii) How many stations were the people of Tehran receiving on their satellite dishes?

_____

6.

22.45   LES CONTES DE LA CRYPTE

Série.

'La Dernière Emission'. Avec : David Warner. Un animateur de radio consciencieux se rend chez des auditeurs pour les aider à démêler une crise familiale. Mais il tombe dans une famille de fous.

'La Perle noire'. Réalisé par Tobe Hooper. Avec Whoopi Goldberg. Depuis des années, un homme nourrit une obsession, tuer l'un de ses amis parce qu'il possède une pierre précieuse. Il sera lui-même assassiné pour un motif saugrenu.

(i) Briefly, what is the first story about?

_____

(ii) In the second story, what is the man's obsession?

_____

(iii) What will happen to him?

_____

Vocabulary:

les contes = tales, stories
des auditeurs = listeners
démêler = to unravel, solve
réalisé = directed
(nourrir) il nourrit = feeds
saugrenu = absurd

7.

Enfant sauvage en Roumanie

Un 'enfant sauvage' découvert il y a deux ans en Roumanie et placé dans un foyer n'a toujours pas réussi à rompre avec ses habitudes puisqu'il continue à têter la chienne qui lui aurait servi de protectrice, a rapporté l'agence roumaine Rompres.

Abandonné par sa mère naturelle, Sorin, un petit garçon de 9 ans, communique notamment par 'aboiements' avec sa chienne et partage avec elle la nourriture qu'il reçoit au foyer du département d'Arges (sud) qui les a accueillis. Malgré les efforts des éducateurs, le petit garçon, dont l'histoire est rapportée pour la première fois, n'arrive toujours pas à parler ni à se faire des amis parmi les autres enfants du foyer.

(i) When was this child discovered? (paragraph 1)

_____

(ii) What peculiar aspect of the child's behaviour are we informed about? (paragraph 1)

_____

(iii) How does Sorin communicate? (paragraph 2)

_____

(iv) What two things has Sorin failed to do, despite his teachers' efforts? (paragraph 2)

a) _____

b) _____

Vocabulary:

rompre avec = to break with

… qui les a accueillis = … who took them in (welcomed them; accepted them)

8. a)

AQUITAINE · Vive le papier toilette !

Le Syndicat des sylviculteurs du Sud-Ouest proteste vigoureusement contre une affirmation du WWF selon laquelle le paper toilette est une « menace qui pèse sur la forêt », et qui conseille d'utiliser du papier recyclé. « Consommer du papier naturel fait du bien aux forêts. Le papier recyclé est plus coûteux et plus polluant, que les consommateurs de papier hygiénique se rassurent ! » affirment les sylviculteurs.

(i) What kind of workers does the union represent?

_____

(ii) Why do they oppose recycled paper?

_____

b)

Conflits

"Chère Anne, Mon frère a seize ans et mon père l'engueule trop souvent. Ma mère prend sa défense, mais ça ne sert à rien. Mon frère dit qu'il va finir par frapper. Moi, je me réfugie dans ma chambre et je pleure. Aide-moi vite !"   **ANONYME**

Les relations entre les parents et les adolescents prennent parfois l'allure de conflits fréquents, voire violents. Ce que tu peux faire ? Peu de choses. Sur le moment, quitter la pièce pour bien montrer combien cela t'est pénible reste la meilleure solution. Quand le calme est revenu, tente de parler séparément à tes parents en leur demandant d'essayer de trouver une solution. Peut-être ton frère pourrait-il aussi y mettre du sien ? Même en désaccord, on peut discuter sans se disputer, encore faut-il que chacun soit de bonne volonté.

(i) Summarise this person's difficulty.

_____

(ii) Give two points which the agony aunt suggests to help the situation.

_____

Vocabulary:

engueuler = to bawl out
que chacun soit = that each one be

9.

Un MP3 pour deux

L'idée est toute simple mais ravira les ados que l'on voit souvent – en voiture, dans le train, dans le métro – écouter de la musique sur le même baladeur avec un écouteur chacun dans l'oreille. Le Medion 81017 est un minilecteur MP3 qui possède deux prises casque, de quoi satisfaire quatre oreilles en même temps. Autre atout majeur de ce micro-baladeur : un emplacement pour carte mémoire (SD ou MMC) qui permet d'augmenter à volonté la capacité de stockage interne de base de 512 Mo (soit 240 morceaux de musique). Il peut également servir d'aide-mémoire grâce à une fonction dictaphone.

A.R.

Baladeur Medion MD 81017 : 79 € (livré avec un seul casque d'écoute) dans les magasins Leclerc.

(i) What's so extraordinary about this item?

_____

(ii) Mention one other function of this MP3.

_____

Vocabulary:

ravir = to delight
un atout = trump card, asset

10.

Le pire et le meilleur
de TINA KIEFFER

LE MEILLEUR . . .

1. Le plus beau cadeau qu'on t'ait fait.
La vie.

La plus grande fierté de ta vie.
Le jour où j'ai appelé ma mère qui me reprochait de ne rien faire à l'école, et je lui ai dit : 'Maman, assieds-toi. Non seulement j'ai mon bac, mais en plus avec mention.' C'était le début de la liberté.

Le dernier moment où tu t'es sentie heureuse.
Il y a 3 minutes en m'engloutissant un Bounty.

Ce qu'il a de meilleur en toi.
Mon enthousiasme.

2. La meilleure des choses qui puisse t'arriver ?
Cesser de fumer. Ce serait une grande victoire sur moi-même, la preuve que si je réussis ça, je pourrai réussir tout le reste.

L'expression que tu détestes.
'Ce n'est pas possible.' À chaque fois que j'ai une idée et qu'on me dit ça, je me mets en transe. Du coup, j'ai écrit comme leitmotiv au bureau : 'Si c'est possible, c'est déjà fait, si c'est impossible, il faut le faire !'

3. Le type de blagues qui ne te fait pas rire.
Les blagues racistes. Sans commentaires.

. . . ET LE PIRE

La personnalité dont tu ne supportes pas le look.
La poupée Barbie.

La plus grande peur de ta vie.
En Floride où j'étais en vacances avec un ami. On se baignait sur une plage sublime, genre 'Get 27, c'est d'enfer'. Étrangement déserte la plage . . . Tout à coup, mon copain se retourne vers moi, livide et hurle : 'Tina, sur ma vie, il y a deux requins derrière toi.' Je me retourne, deux ombres grises miroitaient dans l'eau. J'ai battu le record du monde du 500 mètres brasse coulée.

4. Ce qu'il y a de pire en toi.
Mon manque de tact et de diplomatie. Parfois ça blesse alors que je ne voulais pas faire de mal.

La pire des choses qui puisse t'arriver.
Devenir diabétique et ne plus pouvoir manger de sucre. Je suis une accro des boules de coco, chocolats et autres nounours violets.

Que t'inspire cette phrase : 'Pour le meilleur et pour le pire' ?
Je déteste cette phrase, car pour moi dans l'amour, il n'y a que du meilleur.

KARINE SAPORO.

(i) According to Tina, what is the nicest gift that someone can give? (part 1)

_____

(ii) What was the proudest moment of her life? (part 1)

_____

(iii) What does she sees as a great victory for her? (part 2)

_____

(iv) What expression does she hate? (part 2)

_____

(v) What jokes do not make her laugh? (part 3)

_____

(vi) What was her most frightening moment? (part 3)

_____

(vii) Mention one of her faults. (part 4)

_____

(viii) What is the worst thing that could happen to her? (part 4)

_____

(ix) Mention one type of food that she loves. (part 4)

_____

(x) Why does she hate the expression 'for better or for worse'? (part 4)

_____

Vocabulary:

avec mention = with honours
m'engloutissant = stuffing myself (glutton)
des blagues = jokes
un requin = a shark
miroiter = to gleam
la brasse coulée = breast-stroke
je suis une accro des ... = I'm hooked on
un nounours = a teddy-bear

EXERCISE 4

1. *(i)* Which of the following refers to **tyres** in a garage?

   (a) Tire ☐

   (b) Pneu ☐

   (c) Caoutchouc ☐

   (d) Guidon ☐

   (ii) Also in a garage, which notice tells you about the make of car?

   (a) Marque ☐

   (b) Voiture ☐

   (c) Type ☐

   (d) Auto ☐

2.

GÂTEAU LORRAIN

Pour 8 personnes
Ingrédients :
200 g. de farine
4 yoghourts
4 œufs
150 g. de sucre
½ paquet de levure chimique
5 cl. d'alcool de mirabelle
300 g. de mirabelles au sirop

Préparation et cuisson : 1 heure
• Séparer les blancs d'œufs des jaunes.
• Travailler les jaunes et le sucre (à blanc). Ajouter la farine et la levure, bien mélanger. Incorporer les yoghourts un par un, puis l'alcool. Mélanger doucement les blancs en neige à la préparation.
• Beurrer un moule à bord haut. Y verser la moitié de la pâte, poser dessus les mirabelles égouttées, compléter avec l'autre moitié de pâte.
• Cuire au four pendant 35 minutes sur thermostat 6.

Peut être servi avec une crème anglaise.

(i) Which of the following ingredients is included?

a) cherries ☐

b) cheese ☐

c) barley ☐

d) yeast ☐

(ii) What is the first instruction regarding the eggs?

_____

(iii) When the plums are added to the mixture, do you add:

    a) ½ of the pastry?   ❑

    b) all of the pastry?   ❑

    c) ¾ of the pastry?   ❑

    d) ¼ of the pastry?   ❑

(iv) Do you serve the dish with:

    a) cream?   ❑

    b) mustard?   ❑

    c) custard?   ❑

    d) jelly?   ❑

3.

PRATIQUE

LETTRE. Le navigateur-journaliste Patrice Carpentier publie une lettre confidentielle hebdo sur la voile : *La Lettre de course au large.* Pour 8 € par mois, tous les échos sur le milieu, les enjeux, les règles, l'équipement, par les spécialistes du mensuel *Course au large.* Abonnements. *Tarif société : 125 €. Tarif seniors : 96 €. Juniors (étudiants et moins de vingt-cinq ans sur justificatif) : 64 €. La Lettre de course au large, Éditions Océane, Place de l'Église, Fontenay-sur-Vègre, 72350 Brûlon.*

(i) About which sport does Patrice Carpentier write these letters?

_____

(ii) Are they written:

    a) monthly?   ❑

    b) fortnightly?   ❑

    c) weekly?   ❑

    d) daily?   ❑

(iii) How much does a group subscription to the magazine cost?

_____

(iv) What age must one be to avail of the €64 fee?

_____

Vocabulary:

un hebdo (hebdomadaire) = weekly (publication)

un mensuel = a monthly (publication)

un abonnement = a subscription

4.

• **Dix-huit poneys et un cheval** sont morts carbonisés, hier matin, à Thiais (Val de Marne) dans l'incendie d'un poney-club appartenant à l'une des filles de l'ancien président de la République Valéry Giscard d'Estaing, et le logement de gardien a été endommagé.

(i) How did the horse and ponies die?

_____

(ii) Who owns the pony-club?

_____

(iii) What else was damaged?

_____

5.

Peines de mort . . . avec sursis

Un trafiquant de drogue chinois a été condamné à mort et quinze autres à des peines allant de 15 ans de prison à la peine de mort assortie de deux ans de sursis par un tribunal de Shanghai, a annoncé vendredi le journal 'China Daily'.

Deng Lisheng a été condamné à la peine capitale après avoir été arrêté en octobre dernier en possession de 305,5 grammes d'héroïne qu'il comptait revendre dans une boîte de nuit de Shanghai.

Trois autres trafiquants ont été condamnés à la peine de mort avec deux ans de sursis. Cela signifie qu'au bout de deux ans de prison, en cas de bonne conduite, la peine de mort sera commuée en prison à vie.

En Chine, les condamnés à mort sont exécutés d'une balle tirée dans la nuque. Le prix de la balle est supporté par la famille du condamné. (AFP)

(i) What crime did the condemned Chinese person commit?

_____

(ii) Where exactly was Deng Lisheng hoping to sell his merchandise?

_____

(iii) What special condition applies to his death sentence?

_____

(iv) How exactly is the death penalty carried out in China?

_____

Vocabulary:

deux ans de sursis = suspended for two years
une boîte de nuit = a nightclub
de bonne conduite = good behaviour
la nuque = the nape of the neck
une balle = a bullet

6.

> **· Un violent orage qui s'est abattu sur Paris, hier,** a provoqué des inondations sur son passage et entraîné en particulier 20.000 coupures de courant dans le 16e arrondissement de Paris. Par ailleurs, une femme de cinquante-deux ans est décédée hier matin dans l'Ain, après avoir été foudroyée, tandis que des orages ont causé d'importants dégâts dans la région de Toulon-sur-Arroux et de Montceau-les-Mines, dans le départment voisin de la Saône-et-Loire.

Vocabulary:

la foudre = lightning
s'abattre = to sweep down over
des coupures = cuts
des dégâts = damage (note the French plural!)

(i) Name two results of the violent storm which raged through Paris.

a) _____

b) _____

(ii) What district in Paris was particularly affected?

_____

(iii) *How* did the 52-year-old woman die?

_____

7.

Les ravages de l'ouragan Katrina

National Geographic Channel, 20h45, « Spécial Katrina ».

1. Le générique joue la carte de la métaphore militaire: « Ce n'était pas une attaque surprise, une embuscade. Les experts avaient prévu la date et le lieu de l'agression. » Avec, pour aller au bout du raisonnement, cette question: « Pourquoi Katrina est devenu l'un des ouragans les plus meurtriers de l'histoire? » Le documentaire, diffusé ce soir sur National Geographic Channel, ausculte, au-delà du drame humain qui s'est joué le 29 août dernier, les disfonctionnements de la première démocratie au monde.

2. Le commentaire, très sobre, conte juste les faits. Ils sont terrifiants. La veille du passage de l'ouragan en Louisiane, les employés d'une chaîne de supermarché et le personnel de la Croix-Rouge anticipent la catastrophe humanitaire. Chacun de leurs côtés, ils s'entraînent, calculent les besoins éventuels de la population.

3. Au même moment, le président Bush est en vacances dans son ranch au Texas. L'après-Katrina est tout aussi mal géré par l'administration américaine. Dix mille réfugiés sont installés dans le Superdome, en ➡

plein cœur de La Nouvelle-Orléans envahie par les eaux. Les camions de ravitaillement ne peuvent pas y accéder. Le documentaire se termine tout de même sur une note d'espoir. Un jazzman rentre dans son village, qui porte encore les stigmates des inondations. « Rien n'a changé, ça va redémarrer. » Il joue de la trompette dans une rue déserte.

Matthieu Sue
Lundi 5 décembre 2005

(i) Why does the article say that Hurricane Katrina was not a 'surprise attack'? (part 1)

_____

(ii) What did the employees of one supermarket chain do? (part 2)

_____

(iii) How many refugees had temporary accommodation in in the Superdome? (part 3)

_____

(iv) How did the jazz player react when he returned to his village? (part 3)

_____

Vocabulary:

une embuscade = an ambush   gérer = to manage

le ravitaillement = supplies   redémarrer = to pick up again

8.

L'ESCAPADE DE SAMMY . . .

Ce panneau interdisant les baignades à cause de la présence de crocodiles n'est plus d'actualité au lac de Dormagen en Allemagne : Sammy, l'alligator en goguette sur ses berges, a enfin été capturé.

Dimanche dernier, l'animal, un caïman âgé de huit ans, avait été amené sur les rives du lac artificiel par son maître qui voulait le rafraîchir pendant la canicule. Sammy avait apprécié cette liberté et pris la poudre d'escampette, semant la panique parmi les 8.000 baigneurs.

Le soir

(i) Why should swimmers no longer be afraid?

_____

(ii) How old is the crocodile?

_____

(iii) How was the problem resolved?

_____

Vocabulary:

ce panneau = this sign

interdire (à) = to forbid

être en goguette = to go on a spree

ses berges = its river banks

un caïman = cayman alligator

la poudre d'escampette (prendre) = to skedaddle

9.

Ils surveilleront l'environnement et les trafiquants

L'AMAZONIE SOUS LA PROTECTION D'UN RÉSEAU DE RADARS

Le Brésil investit près de 5 milliards d'euros pour préserver le poumon vert de la planète.

Le gouvernement brésilien a annoncé qu'il avait décidé de confier à la société américaine Raytheon le projet d'implantation d'un vaste réseau radar en Amazonie (SIVAM) destiné à la fois à la surveillance aérienne de l'immense forêt mais aussi à sa protection.

Le SIVAM, qui fera partie du Système de Protection de L'Amazonie (SIPAM), un territoire de quelque 5 millions de km^2 représentant 57% du territoire brésilien, nécessitera 8 ans de travaux. L'ensemble du projet, qui inclut un contôle permanent de l'environnement et un traitement de données y compris par satellite, est évalué entre 600 millions et un milliard de dollars.

Le réseau radar est destiné à assurer une couverture aérienne de l'Amazonie, aujourd'hui quasi inexistante, et à surveiller étroitement les trafiquants de drogue qui utilisent des aérodromes de fortune disséminés à travers l'immense forêt amazonienne pour livrer clandestinement la cocaïne colombienne. Le projet sera réalisé en trois étapes. D'abord, l'installation de radars et de moyens de télécommunications d'une valeur de quelque 500 à 600 millions de dollars. Puis l'implantation d'infrastructures par des entreprises brésiliennes (200 millions d'USD). Enfin l'achat d'une dizaine d'avions de reconnaissance au constructeur brésilien Embraer d'une valeur estimée entre 400 et 500 millions de dollars.

(i) Name the two principal objectives of setting up a huge radar system in Brazil.

 a) _____

 b) _____

(ii) How large is Amazonia?

_____

(iii) How much does the project cost?

_____

(iv) In how many stages will this project be achieved?

_____

(v) Describe the final stage.

_____

Vocabulary:

le réseau = network
qui fera partie de . . . = which will be part of . . .

le poumon = lung
destiné à = intended for
assurer = to guarantee

10.

CRY FREEDOM Drame de Richard Attenborough

L'amitié d'un journaliste blanc en Afrique du Sud pour un leader noir, martyr de l'apartheid. Une fresque spectaculaire contre l'intolérance.

1. 1re diff. : Vendredi 1er mars
Durée : 2 heures 32 mn

Afrique du Sud, 1977. Donald Woods, rédacteur en chef d'un quotidien libéral à gros tirage, publie un article critique sur le mouvement anti-apartheid la Conscience noire. Steve Biko, leader de cette organisation, demande alors à le rencontrer. Contrairement à son attente, Woods découvre en cet homme un pacifiste convaincu . . .

2. 'Depuis trente ans, je cherchais un sujet pour faire un film sur l'apartheid', déclare Richard Attenborough, le réalisateur de *Gandhi*, le film récompensé par huit Oscars. À partir des deux livres autobiographiques du journaliste Donald Woods qu'il adapte fidèlement, il reconstitue les événements qui obligèrent ce rédacteur en chef à s'exiler après le décès du leader noir Steve Biko dans les geôles de Pretoria.

3. Comme il est hors de question de tourner sur place, Richard Attenborough choisit de filmer au Zimbabwe. Dans ce pays limitrophe de l'Afrique du Sud, il reconstitue avec minutie le climat de tension provoqué par le régime de l'apartheid, les rafles policières, les meetings vibrants et leur répression brutale. C'est là qu'il retrace également la spectaculaire fuite de Donald Woods et de sa famille, contraints à abandonner leur pays.

4. Kevin Kline (*Un poisson nommé Wanda*) incarne ce journaliste militant aux côtés de l'acteur noir Denzel Washington (*Soldier's Story*). 'L'idéal, explique le réalisateur, aurait été de trouver un Sud-Africain pour tenir le rôle de Biko. On a réussit à en faire sortir un pour lui faire passer une audition. À son retour, il a écopé de dix jours de prison . . .' Cautionné par Amnesty International, ce film sera interdit de diffusion par les autorités sud-africaines.

'Servi par deux acteurs qui jouent avec la flamme habitant leurs personnages, le cinéaste a visé juste. Sans trémolos mais avec une réelle force de conviction.'

(*Première*)

États-Unis *1987*
Scénario . . . . *John Briley*
Musique . . . . *George Fenton et Jonas Gwangwa*

PRINCIPAUX INTERPRÈTES

Denzel Washington . . . . *Steve Biko*
Kevin Kline . . . . *Donald Woods*
Josette Simon . . . . *le Dr Ramphele*
Penelope Wilton . . . . *Wendy Woods*
Wabei Siyolwe . . . . *Tenjy*

(i) What is Donald Woods' occupation in the film 'Cry Freedom'? (part 1)

_____

(ii) What surprises Woods when he first meets Steve Biko? (part 1)

_____

(iii) What is Richard Attenborough's occupation? (part 2)

_____

(iv) What action did Woods take after Biko died? (part 2)

_____

(v) Why did the film director make 'Cry Freedom' in Zimbabwe? (part 3)

_____

(iv) According to Attenborough, what would have been the ideal situation regarding the choice of cast? (part 4)

_____

(vii) Who received a sentence of 10 days in prison? (part 4)

_____

Vocabulary:

une attente = expectation
geôles = jails
tourner = to film
limitrophe = bordering
rafles = raids, roundups
il a écopé de dix jours = he got 10 days (prison)
(slang = he 'copped' 10 days)
sans trémolos = without quivering

EXERCISE 5

1. *(i)* Which sign would you follow at a railway station to buy rail tickets?

     a) Consigne automatique   ☐
     b) Billets   ☐
     c) Guichet   ☐
     d) Bureau de change   ☐

(ii) You are looking for the information office at a railway station. Which sign indicates it?

a) Salle d'attente ☐
b) Renseignements ☐
c) Buffet ☐
d) Quais ☐

2.

> **PREMIER GROUPE MONDIAL**
> recrute
> **FUTURS CHEFS DES VENTES H/F**
> **23–30 ans**
> Expérience contact souhaitée
> **Possibilité revenu min. 2,000€**
> **pendant formation + frais**
> Envoyer CV + photo
> **n° 3806 HAVAS**
> Domiciliations – BP 1255
> 37012 TOURS CEDEX

(i) What kind of job vacancy is being advertised here?

_____

(ii) Which is true?
The job is:
a) for men only. ☐
b) for women only. ☐
c) for men and women. ☐

(iii) What two things must you send when applying?
a) _____
b) _____

Vocabulary:

la formation = training

3.

> **après le bac . . .**
> **'L'Année Américaine'**
> Dans une grande université de Californie ou de Floride =
> devenir bilingue, maturité accrue, enrichissement culturel . . .
> Le meilleur passeport pour l'enseignement supérieur.
> CEPES 42, avenue Bosquet 75007 PARIS – (1) 45 51 23 23

(i) Name three advantages in going to university in California or Florida.
a) _____
b) _____
c) _____

(ii) What does this choice mean you will get?

_____

4.

POULET AU VINAIGRE

Pour 4 personnes
Préparation : 20 mn
Cuisson : 45 mn (15 mn en autocuiseur)

1 poulet d'1,5 kg environ, 1 tête d'ail,
2 tomates, 1 cuil. à café de concentré de tomate,
2 cuil. à soupe de vinaigre, 1 dl de vin blanc sec,
1 bouquet garni, sel, poivre moulu,
10 g de beurre, 1 cuil. à café d'huile.

1. Dans une cocotte, mettez à chauffer le mélange beurre plus huile. Faites-y rissoler à feu très vif les morceaux de poulet sur toutes les faces. Tout en surveillant la viande, pelez les tomates. Pour cela, fendez-les en croix sur le dessus, plongez-les 1 mn dans l'eau bouillante et salée, puis immédiatement après dans un bain d'eau froide. La peau se retirera alors facilement. Coupez-les en deux puis retirez les graines. Découpez ensuite la chair en petits cubes.

2. Divisez la tête d'ail en gousses. Quand le poulet est doré, ajoutez les gousses d'ail non épluchées, le bouquet garni et le vinaigre. Mélangez bien, puis ajoutez les cubes de tomate.

3. Versez le vin blanc dans lequel vous aurez délayé le concentré de tomate. Salez et poivrez. Couvrez et laissez cuire à feu doux pendant 45 mn environ (15 mn seulement à partir de la rotation de la soupape si vous utilisez un autocuiseur). Servez bien chaud, accompagné de pâtes (tagliatelles de préférence) ou de riz blanc nature.

NOTRE CONSEIL:
Choisissez un vinaigre bien parfumé : vinaigre de vin vieux ou encore de cidre.

(i) What is the cooking time?

_____

(ii) How much tomato concentrate is required?

_____

(iii) How does the recipe suggest peeling the tomatoes? (first instruction)

_____

(iv) After adding salt and pepper (third instruction) what is the next step in the preparation?

_____

Vocabulary:

un autocuiseur = pressure cooker
une cocotte = a stew-pan
la peau = skin
rissoler = to brown
fendre = to split

des gousses d'ail = cloves of garlic
éplucher = to peel
mélanger = to mix
délayer = to dilute
une soupape = a valve

5.

BRIGITTE BARDOT, AMIE DES LOUPS

Quatre-vingts loups de Hongrie doivent la vie à Brigitte Bardot ! Destinés à être abattus pour leur fourrure, ils ont été sauvés à sa demande par le maire de Budapest qui lui en a fait cadeau. Arrivés en France, âges de 7 à 8 mois, ils ont été placés dans un enclos d'une vingtaine d'hectares, dans le parc naturel du Gévaudan, en Lozère.

(i) How many Hungarian wolves were saved by Brigitte Bardot?

_____

(ii) Why were they going to be slaughtered?

_____

(iii) How did Brigitte Bardot manage to save them?

_____

(iv) How large is the wolves' enclosure?

_____

6.

What number do you ring to:

  (i) Eat Swiss food?

  _____

  (ii) Eat at a premises which is open every day except Wednesday?

  _____

  (iii) Eat at a premises which is also a takeaway?

  _____

  (iv) Dance until dawn?

  _____

  (v) Eat seafood?

7.

> **RICHARD GERE** s'est fait éjecter d'un magasin de chaussures à Londres ; en effet, la star qui porte une barbe pour les besoins de son nouveau film, ressemblait tant à Monsieur Tout le Monde que le vendeur l'aurait pris pour un clochard !

  (i) Why was Richard Gere ejected from a shop?

  _____

  (ii) What kind of shop is it?

  _____

Vocabulary:

un clochard = a down-and-out, a tramp
l'aurait pris = would have taken him

8.

Fait divers

TONTON FLINGUEUR

Grâce à sa présence d'esprit, une fillette de huit ans a peut-être permis d'éviter le pire lors du braquage d'une maison de la presse à Brest, en novembre dernier. La gamine a tendu un billet de cinq euros au malfaiteur, qui réclamait la caisse sous la menace d'une arme (factice). Il faut dire qu'elle avait reconnu le voleur, bien qu'il ait dissimulé son visage sous une écharpe : « J'ai eu peur qu'il tue quelqu'un. Il fallait que je l'aide. C'est mon tonton ! », a expliqué la fillette aux policiers. Le tonton en question a été arrêté et placé en garde à vue.

(i) Where did this hold-up (*le braquage*) take place?

_____

(ii) How do we know that the little girl (*la gamine*) knew the robber?

_____

Vocabulary:

bien qu'il ait dissimulé = although he hid

9.

BUS STOP SMOKING

À partir du 14 février, il sera interdit de fumer à bord des 4 350 autobus à impériale londoniens. Déjà, les fumeurs avaient été confinés à l'étage supérieur. Mais, du coup, les 'rez-de-chaussée' ont été submergés par des voyageurs désireux d'éviter la fumée des autres. Des enquêtes ont montré, il est vrai, que les passagers londoniens ne séjournent en moyenne qu'un quart d'heure par jour dans ces autobus.

(i) What will be the new restriction on London's buses?

_____

(ii) What had been allowed up to 14th February?

_____

(iii) Where, in a bus, is the 'rez-de-chaussée'?

_____

(iv) How long, according to a survey, do Londoners spend on average in a bus?

_____

10.

La Chine est l'un des cinq membres permanents du conseil de sécurité de l'Organisation des Nations unies, avec les Etats-Unis, la Russie, la France et le Royaume-Uni. A ce titre, elle a un droit de veto sur toutes les décisions prises par cette instance. Elle voit d'un mauvais œil son élargissement, en particulier au Japon, son grand rival en Extrême-Orient.

Elle figure parmi les sept puissances nucléaires déclarées de la planète. Elle a fait exploser sa première bombe atomique en 1964, quatre ans après la France. Elle disposerait du deuxième budget militaire mondial, devant le Japon, la France et le Royaume-Uni, mais loin derrière les Etats-Unis. Elle aligne aussi 2 millions de soldats et 1 900 avions de combat.

Décembre 2005

(i) China is one of five permanent members of what?

_____

(ii) What 'right' does China enjoy?

_____

(iii) How does China view Japan?

_____

(iv) What did China do in 1964?

_____

(v) Give two details to show China's military power.

_____

EXERCISE 6

1. *(i)* The following are types of French TV programmes – which one means soap operas?

   a) Variétés ☐
   b) Actualités ☐
   c) Météo ☐
   d) Feuilletons ☐

   (ii) The following signs are seen in French towns. Which is the sign for a park?

   a) Jardin public ☐
   b) Mairie ☐
   c) Piscine ☐
   d) Église ☐

2.

> N'allez pas à Paris par 4 chemins. Pensez tout de suite 4 lettres. Pensez SNCF. Prenez le train de banlieue. C'est la bonne formule.
>
> Depuis quelques années, la SNCF a considérablement amélioré son réseau de banlieue : 60 km de nouvelles lignes et 30 gares ont été créés ; 2000 voitures ont été mises en service. Souvent, le bus vous permet de rejoindre votre gare très bien desservie. Le train vous emmènera vite à Paris où, grâce aux nouvelles correspondances SNCF/Métro, vous atteindrez facilement votre destination.

   (i) In recent years the SNCF has improved its services. Give three examples:

   a) _____

   b) _____

   c) _____

   (ii) In what way will the *métro* assist the train passengers?

   _____

3.

RELIGION

Le père Antoine Girardin a reçu hier, trente-quatre ans après sa mort, le titre de Juste parmi les nations, décerné par le mémorial Yad Vashem de Jérusalem aux non-juifs ayant sauvé la vie de juifs au péril de leur propre vie. Pendant la Seconde Guerre mondiale, le prêtre avait caché, dans son presbytère, à Saint-Jean-la-Vêtre (Loire), un bourg de 387 habitants, un commerçant israélite recherché par la Gestapo.

(i) When was Father Antoine honoured with the title of 'Juste'?

_____

(ii) Why did he receive this honour?

_____

(iii) Whom were the Gestapo searching for?

_____

4.

> JARDIN DU LUXEMBOURG –
> Immeuble caractère. Appt rénové, 3e
> ét., dble séj., 2 chambres, cuis. et s. de
> bains équipées. 42.93.65.59.

> **JARDIN PLANTES**
> 65 m2 + balc. 7e ét., asc. Vue
> 350.000 €. 42.93.15.02

> JARDIN DES PLANTES
> 2 P., cuis., bains, calme. Imm. pierre de t.
> 175.000 €. Impeccable 43.26.22.63.

> STUDIOS LUMINEUX.
> R. DE LA HARPE 24 m2
> R. Cardinal Lemoine 20 m2
> DARY IMMO 40.51.06.07.

> Panthéon Studio poutres
> **40 m2. 212.000 €**
> Parfait état. 43.59.12.96.

> GARE D'AUSTERLITZ.
> Séj. + 1 chbre. 275.000 €.
> LOISELET DAIGREMONT
> 46.47.42.37 le matin.

What number would you ring:

(i) If you wanted a bedsit in perfect condition?

_____

(ii) If you wanted an apartment in a block with a lift?

_____

(iii) If you preferred a flat with a double sitting-room?

_____

5.

> **HOLD-UP MEURTRIER**
> **Chatelet.**–Le gérant d'une agence hippique de Châtelet, près de Charleroi, a été abattu par deux hommes, dimanche. Ils ont emporté le tiroir-caisse et tiré une seule balle à bout portant dans la poitrine du gérant, âgé de 57 ans, qui est mort à l'hôpital. Les deux assassins se sont enfuis dans une Porsche de couleur beige.

(i) What sort of business did the victim manage?

_____

(ii) How did the robbers kill him?

_____

(iii) What did they escape with?

_____

(iv) Describe the getaway car. (Two details)

_____

6.

Pourquoi tant de cyclones ?

Avec 23 tempêtes tropicales enregistrées dans l'Atlantique avant même la fin de la saison des cyclones (de juin à décembre), 2005 restera comme l'année des records. 13 de ces dépressions sont devenues des ouragans, dont 6 majeurs comme Katrina et Wilma, respectivement le plus coûteux et le plus puissant de l'histoire. Une année moyenne ne compte que 15 tempêtes, donnant 3 à 4 ouragans majeurs. Mais le phénomène n'est pas si récent : ces intempéries augmentent régulièrement depuis 1850.

(i) Why was 2005 considered a record year?

_____

(ii) What was exceptional about Hurricane Katrina?

_____

(iii) How many storms occur in an average year?

_____

(iv) Why is this weather phenomenon not thought to be a recent one?

_____

7.

INTERNET

La Toile va-t-elle remplacer toutes les bibliothèques du monde?

C'est l'ambition du moteur de recherches Google, qui compte mettre en ligne le contenu de tous les livres existants. En 2005, Amazon, Yahoo, Microsoft et même ... la Bibliothèque nationale de France ont annoncé des projets similaires. C'est le vieux rêve du savoir universel, accessible en un seul lieu. Déjà réalisé vers 300 av. J.-C. par Ptolémée 1er, qui avait réuni à Alexandrie 30 000 œuvres complètes, il fut poursuivi par les encyclopédistes. Wikipedia, encyclopédie rédigée et corrigée en continu par les internautes, connaît un succès phénoménal avec plus de 800 000 articles. L'*Encyclopædia universalis* ne propose, elle, « que » 32 000 articles et 120 000 définitions fin 2005. Reste la question de la fiabilité du contenu.

(i) What is Google's ambition?

_____

(ii) What is the 'old dream'?

_____

(iii) What did Ptolemy do?

_____

(iv) Give one example to indicate how successful Wikipedia has become.

_____

8.

ETHOLOGIE

Des animaux doués de raison

Rusés, futés et sensibles . . . En 2005, ils nous ont épatés. Les primatologues n'avaient jamais vu de gorille sauvage manier un outil. Après le gorille sondeur d'eau et bâtisseur de pont (ÇM* n° 297), voici **le gorille** casse-noix, capable d'extraire l'huile des noix de palmier. Les ornithologues, eux, ont démontré qu'avec son minuscule cerveau **le perroquet** gris comprend le concept du zéro. Une notion abstraite que nous saisissons vers 3 ans ! Autre idée complexe : la mort. On savait que **les éléphants** sont perturbés par le trépas de leurs semblables. On les découvre respectueux des ossements des disparus, qu'ils caressent de leur trompe. Et celle dont on pensait tout savoir ; **la souris**, a également révélé un talent caché. Pour séduire, le mâle chante! Des mélodies dignes d'un oiseau, mais en ultrasons.

* CM = 'Ça m'intéresse' (name of a magazine)

(i) Mention two things that a gorilla can do.

_____

(ii) What have ornithologists discovered about parrots?

_____

(iii) How do elephants show respect for the dead?

_____

(iv) How does a male mouse attract a female?

_____

Vocabulary:

futés = crafty
épater = to impress

9.

SPÉCIAL NATURE 2005

LE REQUIN EST-IL DEVENU NOTRE MEILLEUR AMI ?

Qui menace l'autre ? Les requins, qui tuent en moyenne 5 humains par an, ou l'homme, qui pêche 100 millions de squales ? 2005 aura marqué un tournant dans notre approche du prédateur. Désormais, on le protège : en Polynésie française, les autorités s'apprêtent à bannir la pêche aux ailerons et à ériger les passes en sanctuaires. On l'étudie : Fabien Cousteau, neveu du commandant, lance le robot Troy pour observer le grand requin blanc. En Australie, enfin, le requin-taureau est menacé . . . par lui-même. Les petits s'entre-dévorent dans le ventre de la mère, aussi des chercheurs vont-ils les reproduire en éprouvette !

(i) Which sea creature has become 'our best friend'?

_____

(ii) Why did the year 2005 mark a turning point?

_____

(iii) What has French Polynesia decided to do?

_____

(iv) What problem has Australia regarding this creature?

_____

Vocabulary:

La pêche aux ailerons = finning (catching sharks and cutting off their fins for shark fin soup)
l'éprouvette = test-tube

10.

ISABELLE ADJANI: VEDETTE INTERNATIONALE

1. Si vous ne connaissez pas encore Isabelle Adjani, vous entendrez sûrement beaucoup parler d'elle pendant les prochaines années. Elle fait partie de la nouvelle génération des vedettes françaises de cinéma. Cette génération comprend, entre autres, Isabelle Huppert, Miou Miou, Gérard Depardieu et Patrick Dewaere. Avec Isabelle Adjani, ces jeunes vedettes semblent monopoliser les grands titres des revues de cinéma en France.

L'année dernière, Isabelle Adjani a fait un retour triomphant à l'écran. Après une absence de deux ans, Isabelle a fait deux films : deux très grands succès. Ces films, ce sont *Possession* et *Quartet*. Grâce à ces deux films, Isabelle a gagné le prix de la meilleure actrice au festival international du cinéma, à Cannes.

2. Le film *Possession* est un film franco-allemand, dirigé par un metteur en scène polonais. Les dialogues sont en anglais. Isabelle est de nationalité française. Son père est d'origine algérienne et sa mère est allemande. Si Isabelle Adjani est un peu plus connue que les autres vedettes françaises de sa génération, c'est parce qu'elle a joué dans quelques films étrangers. Elle a joué dans les films *Driver*,

Nosferatu, en plus des films *Possession* et *Quartet*.

3. Isabelle Adjani est née à Paris, en juin 1955. Elle a commencé à faire du cinéma très tôt. Elle avait quatorze ans quand elle a joué son premier rôle au cinéma, dans le film *Le Petit Bougnat*. Mais elle s'intéressait plus au théâtre. A l'âge de dix-sept ans, elle était déjà une grande actrice à la Comédie Française. La Comédie Française est la plus célèbre troupe théâtrale de France.

4. Son premier grand film au cinéma a été *La Gifle*. Grâce à ce film, elle est devenue vedette de cinéma. En 1975, elle a été proposée pour l'Oscar américain de la meilleure actrice. C'était pour son rôle dans le film de François Truffaut, *L'Histoire d'Adèle H.* À dix-neuf ans, elle était déjà vedette internationale ! Elle a été nommée meilleure actrice par la critique newyorkaise.

5. Le succès d'Isabelle Adjani est mérité. C'est le résultat de beaucoup de talent, bien sûr. Mais c'est aussi le produit de beaucoup de sacrifices pour sa carrière : elle donne la priorité absolue au cinéma. En plus de son talent pour le cinéma, Isabelle a aussi du talent pour les langues étrangères. Elle parle couramment l'anglais et l'allemand, en plus du français, bien entendu.

(i) To what does Isabelle Adjani owe the privilege of winning the Best Actress Award in Cannes? (part 1)

_____

(ii) What nationality is the director of 'Possession'? (part 2)

_____

(iii) In what language was the film made? (part 2)

_____

(iv) Why is Isabelle Adjani more famous than other French film stars? (part 2)

_____

(v) At what age did she first star in films? (part 3)

_____

(vi) What film made her a star? (part 4)

_____

(vii) Apart from the cinema, what is her other major interest? (part 5)

_____

EXERCISE 7

1. *(i)* Which of the following is the hallway in a house?

    a) Salon ❑
    b) Vestibule ❑
    c) Aire de jeux ❑
    d) Séjour ❑

    (ii) Which of these words means a factory?

    a) Magasin ❑
    b) Grande surface ❑
    c) Usine ❑
    d) Industrie ❑

2.

PARC MONTSOURIS. Cité privée, maison 180 m2. Littre 45.44.44.45	Superbe studio ensoleillé. S/verdure. Poss. profession libérale. Park. 43.48.40.09.	ALÉSIA, À SAISIR, beau 5 P., imm. bon stand., calme, 40.35.28.50.
DENFERT, RECENT 90 m2, beau 4 P., gd balc. sud, 11e ét., park. 510.000 €. 45.32.66.10.	MONTSOURIS, imm. rénové, beau pied-à-terre, 42 m2, 200,000 €. 43.20.44.06.	AV. DU MAINE, séj. dble, 1 chbre, Est-Ouest, asc., 200.000 €. 45.55.67.62.

Which phone number would one ring to find:

(i) an appartment overlooking greenery?

_____

(ii) a bedsit?

_____

(iii) an apartment in a high-class block of flats?

_____

(iv) an apartment block with a lift?

_____

3.

TGV
UNE ÈRE NOUVELLE
UN TRAIN POUR TOUS

> **un jour au départ de Paris**
> **Départ tous les mercredis et samedis du 2/4 au 28/9**

Départ de Paris Gare de Lyon à 8 h 15
- Arrivée à Lyon Perrache 11 h 05
- Déjeuner copieux dans les salons de l'hôtel Terminus : saucisson chaud, poularde demi-deuil, sauce suprême, légumes, fromages régionaux, entremets.
- Après-midi libre
- Départ de Lyon Perrache à 15 h 50 le mercredi, à 16 h 50 le samedi
- Arrivée à Paris Gare de Lyon à 18 h 40 le mercredi, à 19 h 47 le samedi.

Prix par personne **80 €.**
TGV + repas
(selon le programme ci-dessus en TGV 2e classe)

CONSULTEZ VOTRE AGENCE DE VOYAGES (RIT N° VE 3T 588.83) POUR DÉPART PROVINCE.

(i) How frequent are these day trips from Paris to Lyon?

_____

(ii) How long does the journey take?

_____

(iii) Mention four types of food included in the 'copious lunch' at the Terminus Hotel.

a) _____

b) _____

c) _____

d) _____

(iv) What is included in the price of €80?

_____

(v) Where does one find information about this day trip?

_____

4.

RESTAURANT 'LE SAINTE BEUVE'
Menu à 22 €.
(+ ¼ de vin ou ½ Vittel ou 1 demi pression inclus)

SERVICE COMPRIS

Soupe à l'oignon
Œufs pochés aux légumes à la Grecque
Amandes farcies +2€   **1 ENTRÉE AU CHOIX**
Soupe de poissons (maison) +2€
Cassolette de fruits de mer +2,50€

Cote de porc émincé de choux
Poulet chasseur   **1 PLAT AU CHOIX**
Pièce de bœuf forestière

Plateau de fromage   **PLATEAU DE FROMAGE**

Charlotte au chocolat   **ou**
Crème caramel
Tarte aux pruneaux   **DESSERT**
Coupe de glace (3 parfums).

(i) What price is this menu? Mention one extra item that is included in the price.

_____

(ii) Name two kinds of soup offered as starters.

a) _____

b) _____

(iii) Which of these statements is true?

The main course contains:

a) a turkey dish. ☐

b) a fish dish. ☐

c) a veal dish. ☐

d) a chicken dish. ☐

(iv) How many flavours of ice cream can you get for dessert?

5.

23.00 DOCUMENTAIRE AMÉRICAIN PROPOSÉ PAR DAVID GILBERT ET RÉALISÉ PAR JEFF WERNER.

La saga du 'Parrain' par Coppola

Au début des années 1970, Mario Puzo et Francis Ford Coppola créèrent deux des films qui eurent le plus d'influence dans l'histoire du cinéma : 'Le parrain' numéros un et deux. Ils remportèrent neuf oscars dont deux pour le meilleur film de l'année. Vingt ans plus tard, Puzo, Coppola et plusieurs de leurs collaborateurs initiaux se retrouvent pour tourner le numéro trois. Ce documentaire raconte leurs souvenirs. Des images inédites des essais d'Al Pacino, Michael Caine et Diane Keaton ainsi que des séances de travail avec Coppola sont présentées.

(i) What famous film did Francis Ford Coppola produce in the early 1970s?

(ii) What awards did this film and its sequel win?

(iii) Why are Puzo and Coppola meeting again after 20 years?

Vocabulary:

eurent = had (past historic tense)

6.

Alliance Chrétienne

créée en 1961 met en relation, après études sérieuses des affinités et du milieu souhaité, les personnes désirant se marier ou recréer un foyer heureux. Envoyons gratuitement renseignements toutes régions, avec témoignages sous pli discret, sans engagement.

A.C. 51 rue du Rocher 75008 Paris
T.1/42.93.39.39

(i) What service does 'Alliance Chrétienne' provide?

_____

(ii) How much does its information cost?

_____

(iii) What does the phrase (usually seen on coupons and advertisements) 'sans engagement' mean?

_____

(iv) Does this service apply to all areas of France? Yes or no?

_____

7.

États-Unis

AJOURNEMENT DE L'EXÉCUTION D'UN CONDAMNÉ À MORT EN CALIFORNIE

Un juge fédéral de l'État de Californie a décidé, samedi 18 avril, de suspendre pendant dix jours l'exécution de Robert Alton Harris, qui devait avoir lieu mardi. Le juge a suivi les arguments de l'Union américaine des droits civiques (ACLU), qui estime que l'usage d'une chambre à gaz pour l'exécution est un châtiment cruel, violant la constitution des États-Unis.

Les procureurs de l'État de Californie ont immédiatement fait appel. Robert Alton Harris a été condamné à mort pour le meurtre de deux jeunes gens en 1979. Son exécution, si elle a lieu, sera la première en Californie depuis vingt-cinq ans. Deux autres États américains utilisent la chambre à gaz pour les exécutions.

(AFP, Reuter)

(i) For how long did the judge suspend the death sentence?

_____

(ii) Why was the death sentence opposed?

_____

(iii) What was Robert Harris's crime?

_____

(iv) This will be California's first execution this century.
True   ☐   false   ☐

(v) California is the only state to use the gas chamber.
True   ☐   false   ☐

Vocabulary:

avoir lieu = to take place
un châtiment = a punishment (chastisement)
faire appel = to appeal

8. **Qui a ratifié le traité constitutionnel?** Treize pays (Luxembourg, Malte, Chypre, Lettonie, Lituanie, Allemagne, Autriche, Grèce, Slovaquie, Italie, Espagne, Slovénie, Hongrie) ont approuvé le traité. Mais le « non » massifs de la France et des Pays-bas ont provoqué une onde de choc. Le Royaume-Uni a décidé de suspendre son referendum. Enfin, les neuf pays restants ont repoussé *sine die* le processus de ratification.

L'Union européenne peut-elle accueillir de nouveaux membres? En 2007, elle doit accueillir la Roumanie et la Bulgarie, si ces deux pays satisfont aux exigences économiques et politiques (droits de l'homme, économie de marché, etc.). Les négociations d'adhésion pour la Turquie et la Croatie ont démarré en octobre dernier. Cinq pays des Balkans (Albanie, Bosnie, Macédoine, Serbie, Kosovo) sont des « candidats potentiels ».

(i) Translate the following countries: 'Chypre', 'Lettonie', 'Autriche'.

_____

(ii) Which countries have rejected the Treaty?

_____

(iii) What has the UK decided to do?

_____

(iv) What must the EU do in 2007?

_____

(v) What happened in October?

_____

9.

Le manque de soleil peut entraîner des dépressions

VRAI

Les vertus thérapeutiques de la lumière sont connues et utilisées depuis longtemps pour guérir les dépressions saisonnières. Cette forme de dépression intervient principalement chez la femme d'une trentaine d'années (entre vingt-cinq et cinquante ans) et parfois chez les enfants et les adolescents. Elle est favorisée par le port permanent de lunettes teintées. Les symptômes : fatigue permanente, envie de dormir, tristesse, perte de confiance en soi, prise de poids. Ces manifestations atteignent leur maximum au milieu de l'hiver et régressent au printemps. Pour soigner ce type de dépression, très rare, il suffit d'exposer le patient, ou même seulement l'objet qu'il regard, à une forte intensité lumineuse. En fait, la lumière agit sur le système nerveux par l'intermédiaire des yeux, en favorisant la production de mélatonine, un neuromédiateur qui joue un rôle important dans la régulation de l'horloge biologique.

(i) According to this article, what can cause seasonal depression?

_____

(ii) Who is most affected by this depression?

_____

(iii) What can also cause this seasonal problem?

_____

(iv) Mention four symptoms. (There are five.)

a) _____

b) _____

c) _____

d) _____

(v) When do these symptoms reach their worst point?

_____

(vi) What is the proposed cure?

_____

Vocabulary:

(elles) atteignent = (they) reach (atteindre = to reach)

MURIEL HURTIS

Une gazelle en or

Athlète exigeante et discrète, Muriel a gagné la médaille d'or du 200 mètres aux championnats d'Europe d'athlétisme. La voilà repartie à la conquête d'autres titres.

1. Lolie : Pour toi, le sport n'était pas une vocation. Mais, en sixième, ton prof d'EPS t'a poussée à faire de l'athlétisme. Avec le recul, qu'en penses-tu ?

Muriel Hurtis : Je lui suis reconnaissante de l'énergie qu'il a développée pour me pousser dans cette voie ! Je n'étais pas branchée sport, mais ma meilleure copine était inscrite et cela m'a motivée. Ensuite, mes premiers résultats ont été très bons. Cela m'a vite encouragée, j'ai pris goût à l'effort, c'est devenu une seconde nature. Et comme avec les compétitions, je voyageais, c'était de plus en plus ludique.

2. Lolie : Comment s'est fait ton passage à la vie d'athlète professionnelle ?

M.H. : Naturellement. Les années d'entraînement, les participations aux championnats et meetings, les performances de plus en plus probantes... le passage en pro était obligatoire. Mais je n'ai pas abandonné mes études. Je fais un BTS de comptabilité-gestion par correspondance. J'ai un prof qui vient à domicile pour m'aider, mais c'est très dur. Quoi qu'il arrive, j'ai toujours ma pile de copies à rendre !

3. Lolie : À quoi ressemble ta journée-type ?

M.H. : Réveil à 8h30. De 9h30 à midi, je suis consultante à la mairie de Bobigny pour tous les événements sportifs. De 13 à 17 heures, je bosse mes cours. Ensuite, j'enfile mes baskets et je fonce au stade. Je commence par un footing ou par de la muscu. Puis, direction la piste... En tout, nous travaillons avec mon entraîneur environ trois heures. Autant dire que quand je rentre à la maison, je suis crevée !

4. Lolie : En dehors de ta vie sportive, tu sors ?

M.H. : Très peu, hélas. Bien sûr, je pourrais, mais mon entraînement en pâtirait, et ça c'est exclu ! Il faut savoir ce que l'on veut. Ma motivation est mon moteur principal. Je veux donner le meilleur de moi et gagner.

Lolie: As-tu des hobbies ?

M.H. : J'aime la mode, alors j'adore faire du shopping. Je suis aussi fana de cinéma, mais ce n'est pas toujours facile d'y aller...

5. Lolie : Suis-tu un régime alimentaire particulier ?

M.H. : Oui, j'ai supprimé les sucreries. En période de compétitions, je consomme des sucres lents (pâtes, riz, pommes de terre) le midi et le soir. En temps normal, des légumes suffisent au dîner. Et, il m'arrive de craquer pour des bonbons ou un gâteau au chocolat !

(i) To whom does Muriel owe her success in her chosen sport? (part 1)

_____

(ii) What were her earlier performances like? (part 1)

_____

(iii) How did she progress to becoming a professional? Give two points. (part 2)

_____

(iv) What academic qualification does she hold? (part 2)

_____

(v) What professional role does she play in the town of Bobigny? (part 3)

_____

(vi) How does she spend her time between one and five o'clock in the afternoon? (part 3)

_____

(vii) Name two of her hobbies. (part 4)

_____

(viii) What does Muriel normally eat for dinner? (part 5)

_____

Vocabulary:

J'enfile = I pull on
Je fonce = I dash

EXERCISE 8

1. *(i)* If you were in a department store and you wanted to buy a food-mixer and a hairdryer, which department would you look for?

   a) Alimentation   ❐
   b) Électro-ménagers   ❐
   c) Chaussures   ❐
   d) Vêtements   ❐

   (ii) While shopping for fruit at the market, you wish to purchase a pineapple. Which of the following fruit do you ask for?

   a) Un pamplemousse   ❐
   b) Un ananas   ❐
   c) Un abricot   ❐
   d) Une pêche   ❐

2.

~ L'ESCALIER ~
Cuisine traditionnelle
Formule 10 € s. c. et
Carte environ 18 € s. c.
16, rue de la Michodière, 2e (M° Opéra)
Réserv. : 42.65.09.19. Fermé dimanche

François Benoist
~ CHEZ LES ANGES ~
54, bd de Latour-Maubourg,
Paris-7e

OUVERT le SAMEDI et
le DIMANCHE MIDI

Fermé le dimanche soir et le lundi.
T. 47.05.89.86. Parking Esplanade
des Invalides.

E-MARTY
Une vielle tradition . . .
Cadre authentique 1930

Fruits de Mer et Gibiers
Carte env. 30 €.
Menu 18 € ttc

Salons pour réceptions
et repas d'affaires

20, avenue des Gobelins (5e)
43.31.39.51 – 47.07.12.19 T.l.j.

Le Saint-Michel
ouvert toute la nuit
À TOUTE HEURE SES PLATS DU JOUR

SAMEDI :   Steak au poivre 9 €
     Brochette de gigot 10 €
     Lotte à l'américaine 13 €

DIMANCHE :   Coq au Riesling pâtes fraîches 8 €
     Pot au feu dans son bouillon 10 €
     Gâteau de rougets
     Coulis de homard 3 €

SPÉCIALITÉS : Pâtes fraîches faites par la maison
     Pizza au feu de bois
10, place St-Michel, Paris 6e – 43.26.68.25

(i) Which restaurant is:

a) open all night? _____

b) closed on Sundays? _____

c) closed on Sunday evenings? _____

(ii) Which restaurant serves game birds?

_____

(iii) What price is the lamb kebab at Le Saint-Michel restaurant?

_____

(iv) Which restaurant provides business meals?

_____

(v) What is the nearest métro station to l'Escalier?

_____

(vi) Are the menus at E. Marty inclusive of tax?

_____

(vii) Who makes the pâté for Le Saint-Michel?

_____

Vocabulary:

une brochette = a kebab

3.

TARTE AU CHOCOLAT

Pour 6 personnes
Ingrédients :
150 g. de beurre
300 g. de sucre
1 sachet de sucre vanillé
5 œufs
5 cl. de rhum
1 pincée de sel
200 g. de farine
75 g. de chocolat
½ sachet de levure chimique
200 g. d'amandes
3 cuillerées à soupe de lait
Sucre glace.

Préparation et cuisson : 1 heure 30 minutes.

Battre le beurre, le sucre, le sucre vanillé, les œufs, le rhum et le sel.
Incorporer ensuite la farine, le chocolat râpé, la levure puis les amandes mondées et moulues et éventuellement le lait.
Verser la pâte dans un moule bien beurré et faire cuire au four thermostat 5, 1 heure environ.
À la sortie du four, couvrir avec un pochoir et saupoudrer de sucre glace.

(i) Which of the following ingredients **is** included?
a) anchovies ☐
b) garlic ☐
c) pepper ☐
d) salt ☐

(ii) Which of the following statements is true?
You sprinkle the icing sugar on the tart
a) before putting it in the oven. ❑
b) while it's in the oven. ❑
c) when you take it out of the oven. ❑
d) half an hour later when it has cooled down. ❑

Vocabulary:

mondées et moulues = shelled and ground

4.
> **ALLEMAGNE. Des jeunes néo-nazis ont attaqué cinq Portugais à Luebben** (ex-RDA) dans la nuit de samedi à dimanche à la sortie d'un café. L'un d'entre eux n'a pu prendre la fuite et a été sauvagement battu par la bande de 20 à 25 extrémistes. Par ailleurs, dix militants néo-nazis ont déposé une gerbe à la mémoire des gardes SS au mémorial de l'ancien camp de concentration de Sachsenhausen. La police a vérifié leur identité sans les interpeller parce qu'ils n'ont '*fait aucun chahut*', a expliqué un porte-parole des forces de l'ordre.

(i) When did this attack occur?

_____

(ii) What did some neo-nazis do in Sachsenhausen?

_____

(iii) Why didn't the police intervene?

_____

Vocabulary:

l'un d'entre eux = one of them (from among them)
prendre la fuite = to take flight (run away)
une gerbe = a spray (of flowers)
interpeller = to question
faire chahut = to create a hullabaloo, rumpus
un porte-parole = a spokesperson

5.

Le Républicain Lorrain

(i) What was Jérémy Bourlon trying to accomplish on his bike?

_____

(ii) Explain what happened.

_____

(iii) What is Jérémy Bourlon's condition in hospital?

_____

Vocabulary:

se rabattre = to cut across

6.

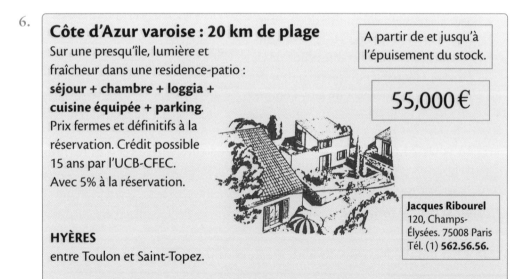

(i) How far from the beach are these holiday homes situated?

_____

(ii) How much is the asking price?

_____

(iii) How long does the offer last?

_____

(iv) Give four aspects of these holiday residences.

a) _____
b) _____
c) _____
d) _____

(v) What two phone numbers do you give when applying for information about the residences?

a) _____
b) _____

7.

Hélicoptère détourné

Tielen.—Un homme qui avait loué un hélicoptère à Tielen (nord du pays), samedi, pour un vol au-dessus des Pays-Bas, a forcé le pilote, en le menaçant d'un pistolet, à survoler une prison de La Haye et a tourné au-dessus de la cour de la prison où se trouvait un ami. Comme la cour restait vide, il a ordonné au pilote de reprendre son vol et de se poser à Zoetermeer en Hollande. L'homme a pris les clés de l'hélicoptère et s'est enfui en courant, jetant cependant les clés que le pilote a retrouvées. Il a alerté la police, mais l'homme n'a pas été retrouvé.

(i) To what country did the man who rented the helicopter say he intended to go?

_____

(ii) What did he force the pilot to do? Why?

_____

(iii) What did the hijacker do with the keys of the helicopter?

_____

Vocabulary:

détourné = hijacked
survoler = to fly over

8.

QUESTIONS ?
Véronique Skawinska vous répond.
'Je suis très nerveux avant une épreuve sportive, comment me calmer sans diminuer mes performances ?' Jean-Pierre Chaumont, d'Orléans.
La nervosité consomme le glucose sanguin et risque de vous faire tomber en hypoglycémie. Pour maintenir votre glycémie stable, buvez une ration d'attente : une gorgée de boisson du sport tous les quarts d'heure pendant les quatre-vingt-dix minutes qui précèdent l'épreuve.

(i) What is the nature of Jean-Pierre Chaumont's problem?

_____

(ii) What can make his hypoglycaemia stable?

_____

9.

Les machines à photocopier dégagent de l'ozone
VRAI Un photocopieur dégage de l'ozone lors de la production des flashs lumineux, qui sont autant de décharges électriques. Il faut toutefois relativiser les risques pour la santé. Bien qu'il n'existe pas de législation en la matière en France, les appareils modernes sont équipés de filtres qui décomposent entre 89 % et 98 % de l'ozone produit. L'entretien régulier limite par ailleurs les émissions. Il faudrait des temps d'exposition relativement longs, dans une petite pièce confinée où fonctionnent plusieurs machines, pour courir un risque réel. Les sujets allergiques ou asthmatiques doivent toutefois en limiter l'usage.

(i) What danger are we exposed to when operating a photocopier?

_____

(ii) How can this danger be minimised?

_____

(iii) Under what conditions would we run a greater risk of danger?

_____

(iv) What kind of people shouldn't therefore use a photocopier?

_____

10.

1. En débutant dans le navet *Miss Karaté Kid,* Hilary Swank ne s'attendait pas à décrocher, un jour, l'Oscar de la meilleure actrice (pour *Boys Don't Cry*). Dans *Insomnia*, elle épaule Al Pacino dans une sordide affaire policière. Une belle béquille !

C'est lors du Festival du film de Tribeca, à New York, que j'ai pu m'entretenir avec Hilary Swank. Extrêmement élégante dans un chemisier et un pantalon noirs, ses pommettes, ses grands yeux et ses larges lèvres rappellent qu'elle est à cent lieues de son personage androgyne de *Boys Don't Cry*. Avec une simple touche de maquillage, Hilary est resplendissante. Difficile de penser le contraire tant son sourire est communicatif. Un vrai petit rayon de soleil …

> **« Mon premier rôle a été Mowgli, du Livre de la jungle ! »**

2. *Pam Baker*: **Comment as-tu préparé tes scènes avec Al Pacino ?**
Hilary Swank : J'ai tout de suite su comment mon personnage devait se comporter avec celui de Al … avec le même respect que j'avais pour lui en privé. En plus, chaque acteur rêve de travailler avec lui. Il est tout simplement le meilleur ! Mais je ne m'attendais pas à ce qu'il soit aussi séduisant et gentil. Et ça, c'est un sacré bonus !

3. Tu prends du temps entre deux films. Tu as besoin de repos ou tu attends le bon scénario ?

Les deux. Après avoir fait un film comme *Boys Don't Cry*, tu es complètement exténué. Il faut du temps pour s'en remettre. Je fais partie de ces acteurs qui ne veulent faire qu'un film par an, là où certains en tournent six … Moi, à ce rythme-là, je ne pourrais même plus marcher !

Le fait d'avoir gagné un Oscar a-t-il changé quelque chose dans ta vie ?
Je me suis sentie sur un piédestal. Mais j'essayé de rester aussi pure et innocente que quand j'avais 8 ans.

4. Quand as-tu décidé de devenir actrice?
À 8 ans justement! J'ai écrit et joué un sketch pour mon école et j'ai vraiment ressenti un plaisir immense.

Comment ont réagi tes parents?
Ma mère m'a vachement aidée. Et crois-le ou non, mon premier rôle a été Mowgli, du *Livre de la jungle* ! Puis, des années après, je suis allée à Seattle pour faire du théâtre. Ma mère m'a rejointe et nous sommes parties toute les deux pour Los Angeles.

5. Est-ce vrai que vous avez vécu dans votre voiture ?
Tout le monde me demande comment j'ai fait pour surmonter ça … Mais quand t'as toujours été dans la dèche, tu te dis simplement que c'est la vie ! Tu as tes fringues dans le coffre et c'est comme ça. Quand tu as 15 ans, tu as l'impression d'être dans un film. C'est sûr que dans la même situation à 40 ans, ça doit être un peu plus énervant et exténuant !

(i) In which category did Hilary win an Oscar? (part 1)

_____

(ii) How was she dressed at the Film Festival in New York? Give two details. (part 1)

_____

(iii) What did Hilary think of Al Pacino? Give two details. (part 2)

_____

(iv) How many films a year does she wish to make? (part 3)

_____

(v) How did winning an Oscar affect her life? (part 3)

_____

(vi) What did she do at the age of eight that influenced her decision to become an actress? (part 4)

_____

(vii) How did her parents react to her decision? (part 4)

_____

(viii) When she lived in her car where did she keep her clothes? (part 5)

_____

EXERCISE 9

1. *(i)* Which of these water sports would interest scuba-divers?

   a) Planche à voile ☐
   b) Kayak de mer ☐
   c) Voile sur hobie-cat ☐
   d) Plongée sous-marine ☐

   (ii) Which of the following expressions refers to Christmas Eve?

   a) La veille de Noël ☐
   b) La bûche de Noël ☐
   c) Le sapin de Noël ☐
   d) Le Père Noël ☐

2.

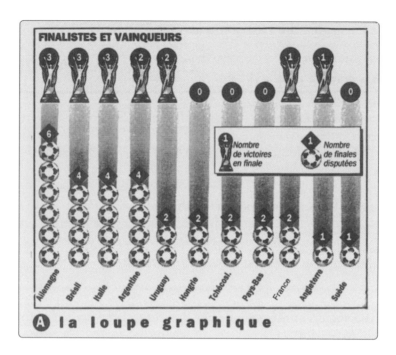

(i) Name the country which contested only one World Cup Final and lost.

_____

(ii) Which country reached one final only and won?

_____

3.

TÉLÉMARKETING

MK-TEL

recherche

50 Télévendeurs

Vous aimez le travail en équipe, vous possédez un bon niveau de culture générale. Nous vous offrons un emploi stable, dans un cadre de travail agréable. M° Faidherbe-Chaligny.

(i) Name two qualities required by MK-TEL for its new recruits.

a) _____

b) _____

(ii) What does MK-TEL offer its new employees?

a) _____

b) _____

Vocabulary:

un cadre de travail = a working environment

4.

Pour 6 personnes
Ingrédients :

125 g. de chocolat
125 g. d'amandes moulues
125 g. de beurre
125 g. de sucre
125 g. de farine
3 œufs
1 demi-paquet de levure
1 pointe de sel
1,5 dl. de lait.

GÂTEAU AMANDINE

Préparation et cuisson : 1 heure
   Tiédir le lait avec le beurre et le chocolat en remuant à la spatule jusqu'à ce qu'ils soient fondus.
   Ajoutez le sel, les amandes, les œufs, la farine, la levure.
   Verser dans un moule beurré et faire cuire au four thermostat 6, 45 minutes.

(i) Which of the following ingredients **is** listed above?
   a) cooking oil ☐
   b) raisins ☐
   c) flour ☐
   d) cream ☐

(ii) Which of the following statements **is** true?
   a) Boil the milk with the butter. ☐
   b) Heat the milk with the butter. ☐
   c) Boil the milk without the butter but with the chocolate. ☐
   d) Heat the milk without the butter. ☐

(iii) Which of these statements **is** true?
   a) Cook for 6.45 minutes. ☐
   b) Cook for 6 hours 45 minutes. ☐
   c) Cook for 45 minutes. ☐
   d) Cook from 6 to 45 minutes. ☐

5.

> **JURASSIQUE. Un œuf de dinosaure, datant de 100 millions d'années, a été dérobé** lors d'un Salon des minéraux et fossiles, à Blagnac près de Toulouse. De la taille d'un petit melon, cet œuf provenant de Chine est une véritable pièce de musée, identifiée et répertoriée, de grande valeur marchande. Le Salon de Blagnac, qui s'est tenu ce week-end, compte parmi les grandes manifestations du genre en France.

(i) What happened to this dinosaur egg?

___

(ii) How big was it?

___

(iii) How highly rated is the Salon de Blagnac exhibition?

___

6.

> Une jeune fille de 17 ans a été involontairement oubliée par ses parents sur l'aire de repos de Roquemaure (Gard) dans la nuit de samedi à dimanche. La famille s'était arrêtée pendant quelques minutes pour se dégourdir les jambes. Quand la jeune fille a voulu regagner le véhicule, elle s'est aperçue que ses parents l'avait oubliée. Ceux-ci se sont aperçus de la disparition … 300 km plus loin, et sont venue chercher leur fille qui avait trouvé refuge … au PC d'Oranne.

(i) What happened to this young girl?

___

(ii) When did it happen, and where?

___

(iii) When did her parents spot the problem?

___

Vocabulary:

dégourdir les jambes = to bring the circulation back to their legs

7.

Le camion de pompiers passe au rouge : un mort

Appelé pour éteindre un incendie dans une cartonnerie de Châtillon-sur-Loire (Loiret), un camion de pompiers est entré en collision avec une voiture après avoir franchi un feu rouge dans la localité de Giens. La passagère de la voiture, Véronique Mary, 20 ans, a été tuée sur le coup. Son conducteur, Pascal Guitton, 20 ans lui aussi, a été hospitalisé dans un état grave à Orléans.

(i) What two vehicles were involved in the crash?

a) _____

b) _____

(ii) Explain how the accident occurred.

_____

(iii) Véronique Mary died later in hospital. True or false?

_____

(iv) What is Pascal Guitton's condition in hospital?

_____

8.

CANCER
22 juin au 22 juillet
CŒUR En râlant pour un oui ou un non, vous ferez fuir l'amour.
TRAVAIL Activité débordante et succès garantis.
SANTE Du calme !

VIERGE
23 août au 22 septembre
CŒUR Un petit voyage en amoureux serait valable.
TRAVAIL La colère n'a jamais aidé personne.
SANTE Assez bonne.

VERSEAU
21 janvier au 20 février
CŒUR Vous ferez la fête avec vos amis.
TRAVAIL Votre humeur serait le bienvenue.
SANTE De la nervosité.

LION
23 juillet au 22 août
CŒUR Ignorez les méprisants et autres casse-pieds.
TRAVAIL Une amélioration est envisagée.
SANTE Bonne dans l'ensemble.

CAPRICORNE
21 décembre au 20 janvier
CŒUR Votre solitude pourrait prendre fin ce mois-ci.
TRAVAIL Un peu moins d'orgueil vous aiderait.
SANTE Le sommeil devrait réparer tout.

POISSONS
21 février au 20 mars
CŒUR Chassez cette timidité qui vous ficelle.
TRAVAIL Faites vos comptes.
SANTE Des bobos sans importance, snobez-les !

(i) Which zodiac sign recommends the settling of accounts?

_____

(ii) Which sign recommends sleep as a solution to problems?

_____

(iii) Which sign suggests that your loneliness could end this month?

_____

(iv) Which sign foresees an improvement in work?

_____

(v) Which sign says that one shouldn't get angry?

_____

9.

INSOLITE

Réduisez vos emballages

1. Alors que se développe en France le recyclage des déchets ménagers, le « compacteur » arrive à point nommé. Produit écolo dans l'air du temps, il a été conçu pour écraser sans pitié bouteilles et bidons en plastique, canettes métalliques et briques en carton.

2. Selon le fabricant, l'avantage du produit est triple : en réduisant le volume des emballages par cinq, les poubelles sont moins pleines. On facilite donc le tri et le stockage. Ensuite, cela rend la collecte et le transport de ces déchets vers les centres de tri plus faciles et plus économiques.

3. Enfin, cet outil peu encombrant est très simple à utiliser. Pas d'électricité, ni de carburant pour le faire fonctionner. Pas besoin non plus d'avoir beaucoup de force pour écraser bouteilles et briques (une simple pression du pied sur l'engin suffit). « Les enfants ou les personnes âgées peuvent s'en servir aisément », assurent les inventeurs du CDC.

4. Le prix est, en outre, abordable : 30 euros dans les grandes surfaces où l'on commence à proposer la petite machine. Le compacteur pourrait donc séduire les particuliers agacés par l'accumulation d'emballages vides. « Mais il vise aussi les collectivités, comme les hôpitaux ou les maisons de retraite qui consomment une grande quantité de boissons en bouteille ». Une version plus grande de l'engin a d'ailleurs été conçue pour cette clientèle spécifique.

BRUNO ASKENAZI

(i) Name two things that the 'compacteur' crushes. (part 1)

_____

(ii) According to the manufacturer ('le fabricant'), what are the advantages of this 'crusher'? Give two details. (part 2)

_____

(iii) Why is it cheaper to use? Give two details. (part 3)

_____

(iv) Mention two groups of people who will find it easy to use. (part 3)

_____

(v) Name two places where the 'crusher' could be of benefit. (part 4)

_____

10.

1. Champion du monde de foot en 1998 avec l'équipe de France, il persiste et signe : championnat d'Europe en 2000, Coupe des confédérations en 2001 et 2003. Il quitte l'équipe de France en 2004, après 97 sélections en 12 ans. Au Bayern de Munich depuis 1997. Amoureux de la mer et grand amateur de surf, il décide, après le naufrage du Prestige en 2002, de créer l'association Liza, pour la préservation des littoraux et des océans.

Bixente Lizarazu
« La Terre est somptueuse, je n'ai pas envie d'en changer! »

2. *La question à laquelle vous voudriez que l'on vous réponde aujourd'hui ?*
Comment va se passer ma deuxième vie après le foot ? Le sport me procure trop d'adrénaline pour que j'arrête. J'ai ma petite idée : je pourrais vivre ma passion à travers les médias. Le sport mérite un meilleur traitement dans les journaux car il est bon pour la santé, apporte du bien-être et met en avant des valeurs comme la volonté ou la rigueur.

Ce que vous avez aimé à l'école ?
J'aimais bien les sciences naturelles et les expériences de chimie qui ne marchaient pas. Il fallait évacuer la salle de cours à chaque fois !

La découverte la plus importante pour l'humanité ?
Les moyens de transport. Ils ont permis de découvrir des endroits inaccessibles. Mais l'utilisation massive de la voiture, par exemple, a pénalisé notre qualité de vie.

3. *L'objet qui vous est indispensable ?*
Un téléphone portable, un ordinateur avec Internet et une guitare. Ce n'est pas énorme, ça tient dans un sac !

→

L'événement d'actualité qui vous a le plus marqué cette année ?
L'ouragan Katrina et le tsunami en Indonésie. Nous devons être plus humbles face à la nature. J'ai un énorme respect pour elle.

Votre mode de locomotion idéal ?
Le vélo, si le cycliste était roi. A Munich, je fais mes courses à vélo, c'est très agréable.

Ce qui compte le plus dans votre vie ?
Mon fils, ma fiancée, mes parents, mon frère, mes amis . . . J'aime l'idée d'avoir un clan.

4. Votre site favori sur Internet ?
Fnac.com. J'achète des livres, de CD . . . Je télécharge de la musique . . . payante ! Ma fiancée est chanteuse, je dois montrer l'exemple !

L'objet que vous voudriez inventer ?
Mon fils est à Bordeaux, moi à Munich, alors nous rêvons d'un instrument de téléportation. Comme ça, je pourrais lui faire un bisou dans son lit avant qu'il se couche.

5. Votre loisir le plus insolite ?
Planter des arbres. J'en ai tellement planté que je n'ai plus assez de place dans mon jardin. Appelez Freud pour lui demander ce que ça veut dire ! Il paraît que l'arbre, c'est le père.

Le terme à la mode qui vous agace ?
« Tribu », trop utilisé en marketing. Ça devient pénible ! Mais c'est vrai, chaque tribu a ses codes. Les footballeurs, les surfeurs, les artistes, les politiques . . . Ils ne se comprennent pas.

Une raison d'être de bonne humeur ?
Il fait beau et il y a des vagues !

(i) From part 1, name two things that Lizarazu loves.

_____

(ii) What decision did he make after the Prestige sank in 2002? (part 1)

_____

(iii) What benefits does sport offer people? Name two. (part 2)

_____

(iv) When Lizarazu was at school, what used to happen in the science class? (part 2)

_____

(v) Why does he think that transport was the greatest invention in the world? (part 2)

_____

(vi) Mention two objects that Lizarazu cannot do without? (part 3)

_____

(vii) What is his fiancée's occupation? (part 4)

_____

(viii) What unusual hobby does Lizarazu have? (part 5)

_____

EXERCISE 10

1. *(i)* Which sign in a railway station would you follow to get to the platform?

   a) Plate-bande   ❑
   b) Plafond   ❑
   c) Quai   ❑
   d) Correspondance   ❑

   (ii) Which of the following publications is weekly?
   a) Mensuel   ❑
   b) Quotidien   ❑
   c) Annuel   ❑
   d) Hebdomadaire   ❑

2.

à 4 roues de Metz
AUBERGE DE MAZAGRAN
Sainte-Barbe
Tél. 87 76 62 47
Dominique Decreton vous propose
MENU SUGGESTION À 25 € (prix net)
~

Lapin en gelée d'estragon
ou
Croustillant de truite de mer ;
sauce cardinal
ou
Terrine du pêcheur ; crudités de saison
~
Mousseline de cuisses de grenouilles à l'oseille
ou
Entrecôte poêlée forestière
ou
Noix de cochon de lait rôtie St-Arnoult
~

Fromage blanc aux fines herbes
~
Soufflé glacé à la mirabelle de Lorraine
~

35 €
avec 1 apéritif 'maison'
au choix cuvée Maufoux blanc
et rouge ou rosé

Renouvelé chaque semaine,
ce menu est valable du dimanche
soir au samedi midi inclus

Fermeture mardi soir et mercredi
toute la journée

**LA QUALITÉ DANS LA
TRADITION CULINAIRE**

(i) Which of the following items is included in the first course?

    a) raw vegetables.   ❐

    b) oysters.   ❐

    c) salmon.   ❐

    d) vegetable soup.   ❐

(ii) Which of the following items is included in the second/main course?

    a) roast beef.   ❐

    b) plaice.   ❐

    c) frogs' legs.   ❐

    d) mussels.   ❐

3.

BOURDONNAIS VUE TOUR EIFFEL	AV. A. NETTER
Plein sud, 2e, asc., dble liv. + 1 chbre entièrement rénovée. Pptaire. 45.67.92.85.	TERRASSE 46 m2 + living, chbre, cuisine, bains, 7e ét. 150,000 €. Pptaire : 48.87.46.46.
VENTE CE JOUR Beau 2/3 P., refait neuf, 1er ét., très clair, mise à prix : 240,000 € au plus offrant. S/place 11 h–15 h. 36, rue Chevert, Pptaire, 47.80.85.92.	**DAUMESNIL** Bel imm., récept., gd studio, tt cft + terrasse. 70,000 €. MCD 47.00.02.22.
	PTE DORÉE, Résidence 1975, beau studio, cuis., tt cft. 72,000 €. 43.45.88.53. MAS IMMOBILIER.
INVALIDES, imm. cossu gardien, asc., 2 P., 1er ét., parfait état, prof. lib. possible, 175,000 € Visite ce jr et demain 11h/17h, 9 Av. de la Motte Picquet, (1) 69.06.07.81.	BEL-AIR. Imm. récent, 3/4 P., cuis., tt cft, balc. 130,800 €. 43.45.88.53. MAS IMMOBILIER.

(i) What phone number would you ring for the following accommodation:
a) an apartment overlooking a square?

_____

b) a large bedsit in a nice apartment block?

_____

c) an apartment with a lift and a caretaker?

_____

d) a south-facing apartment on the second floor?

_____

e) a nice bedsit with kitchen?

_____

(ii) What do the following abbreviations mean?

a) asc. _____

b) imm. _____

c) ét. _____

d) tt. cft. _____

4.

ATTENTION ! Offre valable jusqu'au 15-04-91, dans la limite des stocks disponibles. Délai de livraison : 5 semaines.

Bon de commande FRANCE uniquement CANAL+

A compléter et à renvoyer à : CANAL+ Vidéo - 60431 NOAILLES Cedex.

☐ Je commande :

___ cassette(s) « **Best of corrida** » | 129 F seulement l'unité TTC
___ cassette(s) « **Ombre et soleil** » | soit ___ x 129 F = _____ + 8 F recommandé TOTAL = _____

☐ Je préfère recevoir l'ensemble des 2 cassettes au tarif préférentiel de **209 F**
soit ___ x **209 F** = _____ + 8 F recommandé TOTAL = _____

Je joins mon règlement, par chèque bancaire ou postal, à l'ordre de **CANAL+ VIDEO**

N° ABONNÉ |__|__|__|__|__|__|__|__|__|

Nom _____ Prénom _____

Adresse complète de livraison _____

_____

Code postal _____ Ville _____ Tél. : _____
Date _____ Signature _____

Mag 3-91

Utilisation dans le cadre familial uniquement !

(i) How long does this offer last?

_____

(ii) How does one pay?

_____

(iii) What is a 'bon'?

_____

5.

Colmar : grièvement brûlée par un barbecue

COLMAR.–Une adolescente de 14 ans demeurant à Colmar et dont l'identité n'a pas été révélée a été brûlée dimanche au 1er et 2e degrés sur 30 % du corps en alimentant un barbecue. La jeune fille a aspergé les braises avec de l'alcool pour raviver le feu. Elle se trouvait alors en maillot de bain. Il y a eu un retour de flammes immédiat qui a enveloppé la malheureuse. Les pompiers l'ont transportée à l'hôpital Pasteur de Colmar avant de la transférer par hélicoptère au centre des grands brûlés de Freyming-Merlebach.

(i) What happened to the 14-year-old in Colmar?

_____

(ii) What was the extent of her injuries?

_____

(iii) Describe how the incident occurred.

_____

(iv) How was she dressed at the time?

_____

(v) Who brought her to hospital?

_____

Vocabulary:

asperger les braises = to sprinkle the charcoal

6.

TEMPÊTE. Un millier de fidèles ont assisté à une messe 'de protestation' en plein air, dimanche à Concarneau (Finistère), afin d'obtenir le permis de démolition de l'église Sainte-Cœur-de-Marie, et la construction d'un nouvel édifice. À l'issue de l'office, les fidèles se sont rendus à la mairie de Concarneau, où ils ont déposé une pétition de 13 000 signatures. Fissurée, l'église, construite en 1912 en plein cœur de la ville, a été fermée au culte à la suite de la grande tempête d'octobre 1987.

(i) Roughly how many people attended the protest mass?

_____

(ii) What were they protesting about?

_____

(iii) In what other way did the people show their feelings?

_____

(iv) Why was the church, built in 1912, closed?

_____

(v) Where exactly was it situated?

_____

Vocabulary:

à l'issue de = at the conclusion of; close of
fermée au culte = closed to service (worship)

7.

Le grand retour de Régine !

La reine des nuits parisiennes, qui reçoit le gratin de la capitale Chez Régine, au New Jimmy's, ou chez Ledoyen, revient à ses anciennes amours : la chanson. Celle qui fut l'interprète de Serge Gainsbourg, de Françoise Sagan et de Charles Aznavour sort un nouvel album, 'Dans les petits papiers de Régine', et retrouve la scène de l'Olympia les 19, 20 et 21 mars. Par ailleurs, elle continue son action contre la drogue au sein de son association 'SOS Drogue International'. La rousse a du caractère !

(i) How is Régine described in the first line of this article?

_____

(ii) What was her connection with Serge Gainsbourg and Charles Aznavour?

_____

(iii) What is Régine currently doing in her professional life? (Give two details):

a) _____

b) _____

(iv) Outside of her career, what else is she involved in?

_____

Vocabulary:

(elle) fut = (she) was (*passé simple*)
le gratin = the upper-crust (slang), high society

8.

La note de la semaine

3/20

. . . pour l'attractivité de la France

Selon la dernière étude AT Kearney, les entreprises de services (centres d'appels, technologies informatiques . . .), la France n'arrive qu'au 35e rang (sur 40 !) des pays où elles souhaitent s'implanter. En tête de liste : l'Inde, la Chine, la Malaisie . . . où les coûts de main-d'œuvre sont beaucoup plus séduisants.

Toutefois, ce critère n'est pas le seul à jouer, puisque le Canada arrive en neuvième position et les Etats-Unis à la onzième place. Les entreprises interrogées ont aussi jugé en fonction de l'inflation, du niveau de formation, des infrastructures . . . et du climat des affaires. Un élément qui n'a pas joué en faveur de notre pays, qui perd ainsi 4 places en un an.

(i) According to which ranking is France placed 35th out of 40 countries?

_____

(ii) What reasons are given for France's poor position in the ranking?

_____

(iii) Over what period of time did France lose four places?

_____

Vocabulary:

Les coûts de main-d'œuvre = labour costs.
séduisants = attractive (plural)

9.

Soitec fait carburer la Xbox

1. Que trouve-t-on dans le cerveau de la Xbox 360, la nouvelle console de jeux de Microsoft, disponible en France depuis vendredi ? Un microprocesseur qui fonctionne soixante-dix fois plus vite que celui de sa grande sœur, la Xbox, née en 2001. Un pas de géant accompli grâce à Soitec, une PME française installée à Bernin, près de Grenoble. C'est elle qui a mis au point un procédé pour « booster » le silicium, ce dérivé de sable qui est à la base de tous les microprocesseurs.

2. Résultat : la capacité de calcul est démultipliée, comme une voiture qui serait équipée d'un moteur turbo. Une puissance devenue indispensable pour les consoles qui utilisent des jeux toujours plus sophistiqués, mais elle a un prix : cette innovation coûte trois à quatre fois plus cher que le silicium standard. Pourtant, André Auberton-Hervé, PDG de Soitec

➡

(qu'il a fondée en 1992 avec un autre ingénieur), est en passe de réussir son pari : intégrer son turbo silicium dans des produits de grande consommation.

3. Un virage que la société a anticipé dès 2002, avec l'investissement de 60 millions d'euros dans un nouvel outil de production modulable. Les ventes s'envolent : plus de 72% au premier semestre. Et ce n'est pas fini. Soitec s'apprête à livrer Sony pour la dernière version de la PlayStation, la PS3.

4. Des Etats-Unis au Japon, en 2006, le cerveau des consoles de dernière génération sera ainsi fourni par cette société française, cotée à la Bourse de Paris, qui emploie 700 salariés et a réalisé un chiffre d'affaires de 138,9 millions d'euros en 2004.

Benedicte Alaniou

(i) What major advance has the new Xbox 360 compared to the one introduced in 2001? (part 1)

_____

(ii) What is the downside of this new console? (part 2)

_____

(iii) How have sales performed in the first six months? (part 3)

_____

(iv) What does the figure '138,9 millions d'euros' represent? (4)

_____

10.

1. Marie Andrieux

"Je me suis à peu près tout cassé !"
Âge : 22 ans (née en 1980).
Taille : 1,66 m ; poids: 58 kg.
Spécialités : ski et snowboard alpin, freestyle en half-pipe.
Palmarès : championne de France 2001 en snowboard section half-pipe, vice-championne de France 2002 à skis section freestyle.
Ses qualités : tolérance et respect.
Ses défauts : naïveté, goût pour la solitude.

"J'ai commencé le ski alpin dès 6 ans, à Saint-Lary (Pyrénées). Très vite, je me suis amusée à faire des compétitions." Tour à tour championne des Pyrénées puis de France, Marie participe ensuite à la coupe d'Europe, de 90 à 96. "En 96, un club de snow s'est ouvert et tous mes potes ont migré, naturellement j'ai suivi !"

Sa formation de ski alpin a été très complémentaire à sa réussite en snowboard.

→

2. En 2001, Marie est revenue au ski en intégrant le team Salomon. Fan du sport, elle en pratique beaucoup, et rêve de faire de la chute libre. "Je me suis à peu près tout cassé, maintenant je suis blindée !"

3. Un Deug de psycho et une maîtrise de sport en poche, elle continue son cursus universitaire : "Je vais poursuivre la compet' jusqu'à 26–27 ans. Ensuite, on verra. J'ai comme mes "camarades", un regret : la qualité de nos résultats n'est pas assez mise en valeur. On communique plus sur le look, les vidéos, c'est dommage.

4. En revanche, tu as moins la pression face aux résultats en snowboard qu'à skis. L'ambiance est plus cool et . . . tu gagnes mieux ta vie !" Après un accident de skate, il y a deux ans, Marie s'entraîne en stages d'été et d'hiver, plus des séances de stretching quotidiennes. Pour la vie à deux, ce n'est pas toujours facile : "Heureusement, mon copain fait partie du milieu. C'est plus pratique !"

(i) Mention two of Marie's sporting specialities. (part 1)

_____

(ii) Mention one of her faults. (part 1)

_____

(iii) What happened in 1996 that inspired Marie? (part 1)

_____

(iv) What happened in 2001? (part 2)

_____

(v) What does she dream of doing? (part 2)

_____

(vi) Mention one academic qualification that she has. (part 3)

_____

(vii) According to Marie, there are some differences between snowboarding and skiing. Mention one of them. (part 4)

_____

(viii) What has Marie been doing since her accident? (part 4)

_____

Vocabulary:

copains = friends (slang)

SECTION III
WRITTEN EXPRESSION

(80 marks)

The most difficult section of Junior Cert. French (be it Honours or Pass Course) is the section dealing with writing letters, postcards and notes. Why?

1) It is the only section of the exam where you have to express your thoughts and ideas in French. This requires a student to possess:
   ⇥ a wide vocabulary;
   ⇥ a sound grammatical base; and
   ⇥ a certain degree of creativity.
2) The time taken to answer each question varies from student to student, ability to ability. It is hard to pin down. But timing is a skill in itself.
3) You have to combine all the above skills into two relatively short pieces of writing. It is hoped that this part of the book will help you to overcome these obstacles. In this section you will find:
   ⇥ Information on how to write a letter.
   ⇥ Cloze tests to challenge your understanding of letter-writing, grammatical structure and vocabulary.
   ⇥ Sample letters, postcards and notes.
   ⇥ The relevant grammatical points.
   ⇥ Relevant vocabulary.
   ⇥ Sample questions.

Letters

Breakdown of marks (out of 50) for the letter:

5 marks for format, i.e. date, beginning, end
(e.g. Dear Mum; Regards, etc.).

20 marks for using the five ideas supplied in the question,
e.g. 'Tell him/her that you are enjoying the food'.

These four to five points about which you are asked to write must be exploited. If only three out of five are discussed, then you will only be marked out of 12/20 (60% or $^3/_5$ of 20).

25 marks for expression, language and grammar.

This is the most difficult part because it involves expressing yourself in a foreign language. You have to create something to which you can apply what you have learned. You must be grammatically correct, and, of course, keep to the point. Avoid translating your thoughts word for word from English to French. Instead, try and use phrases you have learned.

Remember, merely mentioning the five points is not enough to get the full 20 marks. You have to develop the points in such a way that they are properly communicated to the reader. You must write a couple of sentences on each one. For example, if you were asked to include a description of the weather, do not just rely on:

'Il fait chaud,'

and leave it at that. Develop it:

'Tous les jours, il fait beau. Le soleil brille et je me bronze. Il n'y a pas de nuages.'

You are required to write up to 150 words. It is not too much when you consider that there are 20 words in the example above. Remember! If you deviate from the main points given, you risk making more mistakes. Keep to the points.

Let us now examine the construction of a letter step by step. First, we will look at the format.

> ➤ The likelihood is that you will be required to write an informal letter, i.e. a letter to a penpal, friend or family. However, a formal letter is part of the Junior Cert. programme and appeared on the 2005 paper. However, the informal letter appeared as an option.
>
> ➤ At the top righthand corner you write the name of the town you are writing from, plus the date. There are only four items written here:
>
> **town + the + number + month = Dublin, le 8 mai**
>
> • Don't ever write eighth/8th, third/3rd etc. Only insert the number 8 or 3. There is, however, one exception, the 1st = 'le premier' or 'le 1er'.
>
> ➤

- Don't include 'of' in the date. The '15th of August' becomes 'the 10 August' = 'le 10 août'.
- Months, days and seasons all have small letters: 'le premier mars'; 'le vingt et un février'.

◆► No address is required with an informal letter. The sender's full address is written on the back of the envelope, not at the top of the letter.

◆► Begin your letter with 'Dear . . . ': 'Cher Marc' – but remember the feminine: 'Chère Anne'.

◆► Always sign off! Learn a number of ways of doing so. The most common are:

Amitiés (best wishes)

À bientôt (see you soon)

Je t'embrasse (lots of love)

The beginning and ending of a letter are really simple when it comes to earning marks, because you know beforehand what you are going to write.

Let's look at some beginnings:
- Cher Maurice (to a boy)
- Chère Isabelle (to a girl)
- Mes chers parents (Dear Mum and Dad)
- Mon cher Pierre/Ma chère Nicole
- Chère tante, cher oncle, cher cousin

Some further endings:
- Bien à toi (yours)
- Affectueusement (never from a boy to a boy)
- Meilleures pensées (best wishes)

NOTE: If you decide to start your letter with 'Cher', then for variety you could start your postcard with 'Salut', depending on whom you are addressing.

a)   Dublin, le 5 mai

Cher Jean,

        Salut ! Ça va ? J'espère que tu vas bien. Je vais bien.

Comments:

Always begin with some polite friendly phrases. Notice also the following grammatical points:

(i)   The 'grave' accent on 'j'espère' which is frequently omitted by students.

(ii)   When discussing general health, we use 'aller' (to go). Thus, 'Je vais bien = I'm **going** well'. It's an obvious trap. It's completely wrong to translate 'I am well' literally. So, in one line, 'aller' appears three times :

How **is** it **going**? I hope you**'re going** well. I**'m going** fine =
Ça **va** ? J'espère que tu **vas** bien. Je **vais** bien.

(iii) Finally, don't forget 'que' after 'j'espère'. 'I hope **that** you . . .' is necessary in French whereas in English, we merely say, 'I hope you are . . . '

b) Je cherche un correspondant et mon prof m'a donné ton adresse.

Comments:

(i) NOTE: 'je cherche' = I am looking for

Never translate, literally, 'I am/looking/for. 'Am' and 'looking' are combined in one word in French. This applies to **every** verb in the language. You see, there are three present tenses in English but only **one** in French.

        I **am** going
        I **do** go   Je **vais**
        I go

eliminate '**do**' and '**am**'

(ii) The passé composé (a past tense which will be explained more fully in the Grammar Section) is one of the two most important tenses to learn (the present tense being the other one). It comes into prominence in the letter section. It concerns what action you **did** or **have done** in the past. It is used with 'être' and 'avoir' as helping verbs.

For example, translate:
>   J'**ai** aimé la cuisine. = I . . .
>   Il **a** acheté un CD. = He . . .

However, with the 13 verbs of motion, i.e. 'go', 'come', 'arrive', etc., use 'être' (see Grammar Section for full list):

>   Je **suis** allé chez le bijoutier. =
>   Elle **est** arrivée à la bibliothèque. =

➤ Notice that, with 'être', the words 'gone', 'arrived,' etc., are treated like adjectives (such as 'grand', 'petit', 'noir', etc.) and therefore **agree** with '**elle**'.

➤ **ALL** reflexive verbs (those with **se**, e.g. 'se dépêcher') take 'être':

>   Nous nous **sommes** dépêchés. = We . . .
>   Il s'**est** promené le long du lac. = He . . .

➤ Note also 'passer' when it means 'to drop in':

>   Le facteur **est** passé chez moi. =
>   **but**
>   J'**ai** passé le temps à étudier. =

(iii) . . . m'a donné . . . = . . . gave me . . .
     In French, 'me', 'you', 'him', 'her,' etc., nearly always go before the verb. So:

>   Il **m**'a donné. . . = He/to **me**/gave . . .
>   Tu **m**'as envoyé des photos. = You/to **me**/sent photos.

(iv) ton adresse:
'Adresse' is feminine but you must use 'ton' because of the clash of vowels if you used 'ta' with 'adresse'. The same happens with 'mon' and 'son': 'mon oreille'; 'son école'.

c)   Je me présente. Je m'appelle Desmond [Deirdre] mais mes amis m'appellent Des. J'ai 14 ans et mon anniversaire est le 2 octobre. J'ai deux frères ; Tom qui a vingt-deux ans et Frank qui a dix-huit ans.

Comments:

(i) m'appellent: as already mentioned, 'me' comes before the verb; as it were: 'my friends (**me**) call' = mes amis m'appellent.

(ii) There is a tendency in speaking and writing in a foreign language to transfer, automatically, our own manner of speaking to the new language. But to translate 'I am 14' as 'Je suis 14' is **wrong!**

You **must** say 'I **have** 14 years' because you **HAVE** those years. It is logical. So: 'J'ai quatorze ans.'

Be careful with 'Tom, who is 22 years old . . . ' = Tom who has 22 years = Tom, qui a vingt-deux ans . . .

(iii) 'qui' is used when linking two phrases within one sentence:

Examples:

J'ai un frère **qui** a vingt-deux ans.

J'ai un chien **qui** s'appelle Rollo.

d) Je n'ai pas de sœurs. J'habite une assez grande maison dans la banlieue de Dublin qui est la capitale de l'Irlande.

Comments:

(i) After negatives – 'jamais', 'pas', etc. – the words 'du,' 'de la', 'des' and 'de l'' nearly always become 'de' (or 'd'' before a vowel).

Il ne boit jamais **d'**alcool. =

Nous n'avons pas **de** stylos. =

Il n'y a pas **de** piscine. =

Je n'ai pas **d'**animal. =

(ii) 'of' a country is: '**de** l'Irlande', '**du** Japon'.

e) Mon père est garagiste. Il a une station-service près de chez nous. Je travaille pour mon père pendant les vacances d'été. J'aime le travail mais le salaire est moche.

Ma mère est mère de famille. Elle travaille à la maison. Quelquefois j'aide ma mère à faire le ménage. Je fais mon lit et passe l'aspirateur. Je fais la vaisselle aussi.

Comments:

(i) Notice that when you say what a person's occupation is, there is no article, i.e. **an** engineer, **a** housewife; you simply say:

Elle est professeur. =

Je veux être musicien. =

(ii)   A frequent problem is confusing 'work', the verb, and 'work', the noun:

J'aime le **travail**. 'Travail' here is a noun – it's obvious: it has 'le' before it, and ends in 'l'. No verb ends in 'l'.

Il travaille dur. Here 'travaille' is a verb. 'Il' precedes 'travaille' and the verb ends in '-e' which is typical of '-er' verbs.

(iii) Helping someone to do something is 'aider à':

Il m'aide à faire la vaisselle. =

J'aide mon frère à faire ses devoirs. =

f)   À l'école, j'aime faire des sports, par exemple, je fais de la boxe et joue au rugby – je suis membre de la première équipe. J'aime l'école, surtout les profs. Ils sont sympas. Ma matière préférée est la géo. Elle est intéressante.

Comments:

(i)   'I like doing sports.' = (in French) 'I like doing **some** (des) sports.'

(ii)   'I like doing . . .' becomes 'I like to do . . .' = J'aime faire . . .'

For example: 'He likes swimming.' = 'He likes to swim .' = 'Il aime nager.'

(iii)   When 'doing' sports, it is 'faire du (karaté)'.

(iv)   When playing sports, it is 'jouer au (foot)'.

(v)   Always have a repertoire of adjectives. Instead of just 'bon' which is over-exploited, use 'sympa,' 'gentil', 'agréable', 'moche', 'barbant', 'ennuyeux, 'intéressant'. Diversify! It helps.

g)   Pendant mon temps libre, je fais du cyclisme. La lecture, ça me plaît aussi. Je lis des romans policiers. Mon auteur favori est Stephen King. En plus, je m'intéresse aux timbres.

Comments:

Try other ways of saying, 'I like'. 'Ça me plaît', means 'it pleases me' or 'I like it'. It comes from 's'il vous plaît' = if it pleases you.

Je m'intéresse aux . . . = I'm . . . .

This is another alternative for 'I like'.
Notice 'in' after 'interested' is 'au', 'à la', 'aux', 'à l'', 'à'.

For example: Ma mère s'intéresse au jardinage.

h) Pour mes vacances, ma famille et moi allons d'habitude à la campagne où nous faisons du camping. Quand j'y vais, je rencontre beaucoup de jeunes français. Ensemble, on nage dans la piscine et on fait des randonnées. De temps en temps on fait des excursions en voiture. Où vas-tu en vacances ? Quand est-ce que tu vas venir en Irlande ?

Comments:
(i) 'My family and I' = we! Therefore, 'allons'.

(ii) 'à la' = 'to the' because 'campagne' is feminine.

(iii) When you mention a place, e.g. the countryside, and then refer to it by 'there' in the next sentence, it becomes 'y' in French. (Notice position of 'y' in relation to the verb in different tenses):

Paul va au cirque. =
Il **y** va souvent. =
Sabine **y** est allée hier. =
J'espère **y** aller demain. =

(iv) Several activities, mainly leisure ones, take the verb 'go' in English: going on a trip, for a walk, etc. In French, however, they take the verb 'do':

a) faire une promenade en auto =
b) faire une excursion en car =
c) faire des randonnées à la montagne =
d) faire du lèche-vitrine =

Hence: On fait des randonnées. = We go for walks.

(v) Finally, note the use of 'on', which literally means 'one'. Now, if you continually say 'one does', 'one is' in English, people will think that you are either posh or merely pretentious. However it's absolutely natural and very common to say 'on' in French to mean 'we', 'you' or people in general.

On a gagné le match ? =
Non, on a perdu. =
On va faire du lèche-vitrine aujourd'hui. =
On a visité les monuments historiques. =

(vi) Asking questions; a difficult one. When using 'je', 'tu', 'il', 'elle', 'nous', 'vous', 'ils', 'elles' (and nothing else) then you turn them and the verb around. It's called inversion.

> Bernadette, es-tu malade ? =
> Salut, vas-tu à l'école ? =

Now, when you use '**EST-CE QUE**' to ask a question, you do **not** invert the verb and its subject. The subject is the person, place or thing doing the action of the verb. For example in 'L'enfant rit' (The child is laughing), 'l'enfant' is the subject.

Examples:

> Est-ce que tu vas à l'école ? =
> Est-ce que nous passons chez elle ? =
> Est-ce que la France est le plus grand pays de l'Europe ? =
> Est-ce que Paul achète un vélo ? =

NOTE: It's easier just to say:

> **Tu vas** à l'école ?
> **Tu aimes** le hockey ?
> **Tu es** malade ?

Words like 'pourquoi' (why), 'quand' (when), 'que' (what), etc., go before 'EST-CE QUE':

> **Quand** est-ce que vous reviendrez en Suisse ?
> **Pourquoi** est-ce qu'il part ?

or

> **Quand** reviendrez-vous ?
> **Pourquoi** part-il ?

i) Je voudrais être ton correspondant. J'aimerais t'écrire en français. D'accord ? Alors, je dois finir maintenant.

Écris-moi bientôt.

Amitiés
Des

Comments:

(i) Another difficult one: putting two verbs together without 'à' or 'de'. In this case, the second verb goes into the infinitive, i.e. the form of the verb as you would find it in the dictionary, which ends in 'er', 'ir', 're', 'oir'.

Il veut se reposer. =
Nous allons écrire une lettre. =
Paul voudrait devenir architecte. =
Marie doit partir. =
Tu veux venir chez moi cet été ? =

(ii) The conditional tense (**WOULD**)
An easy tense – provided you know your future tense! Just take the future stem of the verb – **no** exceptions!

je ser–
tu aur–
il donner–   Note: they all end in '**-r**'
nous finir–
il vendr–

Then add the imperfect endings, (which you already know):

je	serais = I would be
tu	serais = you would be
elle/il	serait = he/she would be
nous	serions = we would be
vous	seriez = you would be
elles/ils	seraient = they would be

Hence: Je serais content. =
Tu aurais de la chance. =
Il vous donnerait un cadeau. =
Nous finirions le travail plus tard. =

Note especially: je voudrais =
j'aimerais =

(iii) Last, supply a few 'fillers', e.g. adverbs of time, such as 'de temps en temps', 'quelquefois', and expressions such as 'à mon avis', 'c'est-à-dire', 'je t'assure'.

Well, that's how you write a basic letter.

SAMPLE LETTERS

1. You and your class are in France on an exchange arranged by your school. You are staying with a French family and attending school. Write a letter to your penfriend in France.

   (i)   Tell about your journey from Ireland to France.
   (ii)   Describe the family with whom you are staying.
   (iii) Say what you think of the French school.
   (iv)   Say what you will do next weekend.
   (v)   Tell a funny or frightening thing which happened since you arrived in France.

Paris, le 5 juin.

Cher Jean,

Salut! Comment Ça va ? Me voici dans un lycée français à Paris. Je reste ici pour un mois. Je veux perfectionner ma connaissance de français. Je fais un échange avec ce lycée. Mon prof de français a organisé l'échange.

Je suis arrivé ici hier. Je suis parti de Shannon vendredi en avion. Le vol était agréable. J'aime prendre l'avion.

Les gens ici sont très gentils. Je reste chez la famille Leclerc. Dans la famille, il y a une fille qui s'appelle Marie, et deux garçons. Le père est ingénieur et la mère est ménagère. Elle fait de bons repas. Je m'entends bien avec les jeunes dans la famille.

L'école ici n'est pas comme en Irlande. Elle est plus détendue ; mais, en Irlande, elle est plus stressante. Les cours dans ce lycée commencent à huit heures et finissent à deux heures et quart. Chaque cours dure une heure. C'est très long.

La fin de semaine s'approche. Je vais aller en boîte avec mes nouveaux camarades de classe.

Quand je suis arrivé en France, j'ai perdu ma valise qui contenait tous mes vêtements. Imaginez. Heureusement, quelqu'un a trouvé la valise. J'ai eu de la chance. C'est tout pour l'instant.   [201 mots]

Amitiés.

Eamonn

2. Your French penfriend has invited you to spend three weeks at his/her home in France in August. In your letter of reply:

   (i) thank him/her for the letter and say you are delighted to accept the invitation;
   (ii) say how you'll travel to France;
   (iii) say what you would like to do there;
   (iv) describe a visit to the cinema last weekend;
   (v) send your regards to his/her parents.

Dublin, le 3 juillet

Chère Laurence

Bonjour ! Ça va ? J'espère que tu vas bien. Merci de ton invitation que j'ai reçue hier. Je suis heureuse d'accepter l'invitation et je voudrais te rendre visite en France cet été.

Je prendrai l'avion à Paris. Je vais acheter mon billet de voyage demain. J'arriverai à Paris le 1er août et je prendrai le métro pour aller chez toi. Peux-tu me rencontrer à la station de métro ?

Pendant ma visite chez toi, je voudrais voir le Louvre et monter la Tour Eiffel. J'aimerais faire une promenade en bateau-mouche sur la Seine. Ce serait chouette. Ça me ferait aussi grand plaisir de faire des achats à Paris.

Samedi dernier, moi et mon petit ami avons vu un bon film au cinéma. Il s'appelle 'Oceans Twelve'. C'était très amusant, mais l'histoire n'était pas formidable. J'ai aimé les acteurs, surtout George Clooney.

Alors, c'est tout pour l'instant. J'attends mon séjour à Paris. Dis bonjour à tes parents de ma part. [160 mots]

Grosses bises,

Charlotte

3. You have just returned to Ireland after spending a holiday with your pen-friend, Antoine, who lives in Switzerland. Write a letter to Antoine:

   (i) Thank him for the holiday.
   (ii) Say what you liked most about Switzerland.
   (iii) Say something about your journey back to Ireland.
   (iv) Tell him some news about your family.
   (v) Mention some things you will do next summer when Antoine comes to Ireland.

Dublin, le 12 juillet

Cher Antoine,

Salut ! Ça va ? J'espère que tu vas bien. Je t'écris cette lettre pour te remercier du très bon séjour chez toi. Je me suis beaucoup amusé. C'était formidable. Ta famille était très sympa.

J'ai bien aimé la Suisse. Ça m'a beaucoup plu, surtout le paysage ; les belles montagnes et les collines vertes avec les grands pins. La campagne était si tranquille et paisible. Ça m'a fait grand plaisir de faire des randonnées en montagne. La cuisine m'a plu, surtout le chocolat.

Je suis arrivé chez moi hier matin après un assez long voyage. J'ai pris l'avion à Genève. Le vol a duré trois heures. Ce n'était pas trop fatigant. Quand je suis arrivé à Dublin, ma famille m'a rencontré.

Ma famille va bien. Ma sœur a gagné un concours de tennis la semaine dernière. Elle joue pour un club de jeunes local. Elle fait partie de la première équipe. Elle a reçu une médaille.

Quand tu viendras à Dublin l'été prochain, nous irons à la campagne et nous ferons aussi une excursion à Belfast. Il y aura beaucoup de choses à faire. Nous jouerons au foot avec mes amis.

Je dois m'en aller maintenant. Ecris-moi vite.   [198 mots]

Amitiés.

Gérard

---

4. Your French penpal, Marie-Pascale, has written to you for your birthday and sent you a CD as a present. Write a letter back to her in which you:

(i) thank her for the letter and present;
(ii) tell her something you did for your birthday;
(iii) give her some news about your family;
(iv) tell her something about the school trip you will be going on next week;
(v) ask her if she would like to come to Ireland at Christmas.

Limerick, le 13 octobre

Chère Marie-Pascale,

Bonjour ! Comment ça va ? J'espère que toi et ta famille allez bien. Merci de ta gentille lettre et de ton cadeau. Tu es très généreuse. Le CD me plaît beaucoup parce que c'est mon groupe préféré. J'adore leur musique. La carte d'anniversaire est assez amusante !

Pour fêter mon anniversaire, ma famille et moi sommes allés au cinéma. Nous avons vu « Harry Potter et la Coupe de Feu ». C'était génial. Ensuite, nous avons dîné au restaurant. J'ai bien mangé. Je me suis amusé.

La semaine dernière, mon père a trouvé un nouveau travail dans une entreprise d'informatique. Il est ravi, mais il doit voyager beaucoup plus. Ma mère n'est pas contente. Mon frère aîné a reçu son permis de conduire. Il a de la chance.

La semaine prochaine, ma classe va faire une excursion en Irlande du nord. Ce sera très intéressant. Nous irons à Belfast. Les prix sont moins chers qu'à Limerick. Je vais acheter plus de CDs et des jeux électroniques.

J'ai une bonne idée. Veux-tu venir ici en Irlande pour Noël ? Tu peux rester chez nous. Ce sera chouette. Ecris-moi vite pour me dire ta réponse.

Bien à toi.

Lara

5. You are just back from a school trip to Paris. Write a letter to your penpal, Robert, in the south of France, in which you:

> (i) tell him when you arrived home and how you travelled;
> (ii) say which part of the trip you liked most and why;
> (iii) tell him you bought a jacket when you were in Paris and describe it;
> (iv) tell him what you will be doing for your summer holidays;
> (v) ask Robert if he is going to his grandparents' house again for his summer holidays.

Tullamore, le 8 mai

Cher Robert,

Ça va ? Je suis arrivé chez moi aujourd'hui à trois heures après un séjour de sept jours à Paris. Nous avons pris l'avion à Dublin, et ensuite nous sommes allés à Tullamore en train. Le voyage n'a pas duré trop longtemps, environ deux heures en avion et une demi-heure en train. C'était plûtôt agréable comme voyage car j'ai regardé un film pendant le vol.

Comme tu sais, la semaine dernière, je suis allé a Paris avec mes camarades de classe et deux profs. J'ai aimé les musées et je suis monté sur la Tour Eiffel. La nourriture à Paris était formidable, mais chère. Ce que j'ai aimé le plus, c'était la promenade en bateau-mouche sur la Seine. Ça m'a beaucoup plu.

J'ai acheté une belle veste en cuir dans un grand magasin à Paris. Elle est noire et assez longue. Elle m'a coûté pas mal d'argent ! J'ai fait des économies l'été dernier. J'ai travaillé dans l'usine de mon oncle.

Pendant l'été, je vais travailler dans un restaurant en ville pour gagner de l'argent. Je devrai travailler de lundi à vendredi. Je compte passer mes vacances en Espagne avec mes amis en août. Ça sera génial !

Et toi, qu'est-ce que tu vas faire cet été ? Est-ce que tu vas rendre visite chez tes grands-parents pour un séjour ? C'est tout pour l'instant. Bonne chance.

Bien à toi,
Joseph

6. As part of an exchange programme, your teacher has asked you to write a letter to Martin/Martine so that he/she will know what to expect when he/she comes to Ireland. Tell him/her:

    (i) something about the area where you live;
   (ii) the kind of music you like;
  (iii) what food you eat in your house;
  (iv) what school is like in Ireland;
   (v) that you will meet him/her at Rosslare.

Dublin, le 27 avril, '06

Cher Martin,

Je m'appelle Jim, ton nouveau correspondant. J'habite dans la banlieue de Dublin dans une assez grande maison. Dans mon quartier, il y a un club de jeunes, des boîtes de nuit et des magasins. Il n'est pas loin de la grande ville en autobus. Ici, il y a beaucoup de jeunes.

J'adore la musique, surtout la musique rock. Mon chanteur préféré est Robbie Williams. J'ai tous ses disques. Et toi ? Aimes-tu la musique ?

Ma mère est ménagère et elle fait de bons repas. Chez nous, nous mangeons beaucoup de viande, comme le bœuf, l'agneau et le jambon. On mange beaucoup de chocolat et des friandises aussi. J'espère que tu aimeras notre nourriture pendant ton séjour.

Quand tu viendras ici, tu devras aller à l'école avec moi. Ce n'est pas trop mal. Nous rentrerons chez moi chaque jour pour le déjeuner à midi. J'ai neuf cours par jour, mais nous avons une récré à onze heures, et la pause du déjeuner à une heure. Les cours commencent à neuf heures et se terminent à quatre heures. Notre école est pour les garçons et nous portons un uniforme tous les jours.

Je serai à Rosslare le 3 mai avec mon père pour te rencontrer. Nous arriverons vers 16 heures et nous t'attendrons. J'ai hâte de te voir.

Amicalement,
Jim

LETTER WRITING EXERCISES

1) Theme : L'école

You have received a letter from your French penpal in which (s)he describes her/his school. You write back to Jeanne/Jean and give details of school life in Ireland. In particular, include details such as:

a) **Uniform:** Tu portes un **uniforme** ? Je porte un pull en V. On porte aussi une cravate rayée.

b) **Timetable:** Comment est ton **emploi du temps** ? Nous avons une longue journée de neuf cours.

c) **Rules:** Le règlement scolaire, est-il trop sévère ? ou libéral ? Dans notre école, on doit bien se comporter.

d) **Punishments:** Quelles sortes de **punitions** y a-t-il à ton école ? Si on se comporte mal, on sera collé samedi matin. Quelquefois, on écrit des lignes.

e) **Teachers:** Comment sont **les profs** ? Sont-ils sévères, sympas, arrangeants, gentils ?

f) **Facilities:** Les **installations** sportives, elles sont bonnes ? Est-ce qu'on a un terrain de sport, un gymnase ?

g) **Subjects:** Combien de **matières** est-ce que tu fais ? Je fais neuf matières qui comprennent l'informatique et les travaux manuels.

Opening:

> Dublin, le 10 mai
>
> Cher/Chère Jean(ne),
>
> Merci de ta lettre que j'ai reçue hier matin. Dans ta lettre, tu m'as parlé peu de ton école. Je vais te décrire mon école . . .

2) Theme : Un voyage en Irlande

You are writing a letter to your exchange student in Rouen. In the letter you inform him/her about:

a) **Travel arrangements:** J'ai fait tous les préparatifs du voyage. Je te chercherai à l'aéroport./ Je vais te chercher à l'aéroport.

b) **Accommodation/your house:** À l'égard de l'hébergement, tu auras ta propre chambre. J'habite une assez grande maison.

c) **Irish meals:** En Irlande on mange bien au petit déjeuner. Les Irlandais mangent beaucoup de viande, de ragoût et des pommes de terre.

d) **Daily routine:** Pendant les vacances d'été, je me lève tard mais tu vas assister aux cours. On prend le repas principal à deux heures de l'après-midi.

e) **Activities together:** Il y a beaucoup à voir et à faire à Dublin. On pourrait faire des randonnées aux montagnes.

Opening:

Tallaght, le 22 mai

Cher Marc/Chère Hélène

J'écris cette lettre pour te ⎰ faire savoir que tu vas rester chez moi en échange.
⎱ dire

⎰ Je m'appelle . . .
⎱ Maintenant je me présente . . .

---

3) Theme : La nourriture

Your friend from Geneva has written to you describing the food that the Swiss eat. Write a letter to him/her outlining the typical Irish intake of food, covering the following:

a) **Le petit déjeuner:** On se lève d'habitude à sept heures du matin. En hiver, on mange de la bouillie (porridge), des céréales, quelques tranches de pain grillé avec de la confiture d'oranges et une tasse de thé.

b) **Le déjeuner:** Pendant la pause du déjeuner (de 1 h à 2 h) nous mangeons en général un petit repas. Ce n'est pas le repas principal. On prend du jambon et des sandwichs au fromage.

c) **Le goûter:** Surtout pour les jeunes quand ils rentrent de l'école. Ils mangent des biscuits et boivent du lait.

d) **Le dîner:** Pas pris au sérieux comme en France. Cependant, on mange beaucoup de bœuf en Irlande, du bœuf rôti, du poisson. Le potage pour commencer, pas d'hors d'œuvre. Le dessert est très populaire.

e) **Les boissons:** En général on boit du thé le matin, le café l'après-midi et le soir. On prend aussi des boissons gazeuses et l'eau minérale irlandaise.

Opening:

Mullingar, le 21 octobre

Chère Anne-Marie,

Merci de ta lettre qui m'a fait grand plaisir. Tu m'as parlé de la cuisine suisse. Je te parle de ce qu'on mange en Irlande. . . .

4) Theme : Un(e) nouveau (nouvelle) correspondant(e)

Your teacher has given you the name and address of your new French penfriend. Write to André/Céline and give him/her the following details:

a) **About yourself:** âge – famille. Nous sommes cinq dans la famille.

b) **Your interests:** Je me passionne pour la musique.
   J'aime bien la lecture.
   Je n'aime pas tellement . . .
   Le sport, ça me plaît.
   Je suis un fana de voitures de course.
   Je suis amateur du cinéma.

c) **School:** Je passe mon brevet. Je vais à une assez grande école pour les filles. Les profs sont sympas.

d) **Your area:** J'habite à la campagne, à 10 km de la ville de Killarney. Les environs sont beaux. Il y a beaucoup d'installations sportives. Il y a beaucoup d'activités.

Now ask him/her questions:

   À quelle école vas-tu ?
   Quelle est ta matière favorite ?
   Tu es sportif ?
   Tu joues au foot ?
   Combien de frères et de sœurs as-tu ?
   Où vas-tu en vacances chaque année ?
   Tu joues d'un instrument musical ?
   Tu veux être mon/ma correspondant(e) ?

Opening:

5) Theme : Une nouvelle maison

You write a letter to your penfriend Alain/Véronique to tell him/her the news that you and your family have moved house. In the letter, develop the following points:

a) **Left old home (déménager):** (S'installer) dans notre nouvelle maison.
b) **Reason:** Mon père (prendre) la retraite. Ma mère n'aime plus la grande ville.
c) **Where:** On (acheter) une maison à la campagne, à 50 km de la ville.
d) **How you like it:** La nouvelle maison, ça me plaît. Je la préfère à notre ancienne maison.
e) **Why:** Les voisins (être) plus aimables. La maison est plus grande. Je (faire) de nouveaux amis à l'école.
f) **The house:** Elle a trois pièces au rez-de-chaussée. Au premier étage, il y a quatre chambres et une salle de bains. Il y a aussi un grenier.

Opening:

Mountrath, le 15 avril

Cher Alain/Chère Véronique,

Ça va ? Je m'excuse de ne pas avoir écrit depuis février. Je t'explique. J'ai des nouvelles à t'annoncer. . .

FORMAL LETTERS

Although these letters are on the course, they are usually **not** examined! However, as they are on the syllabus, it might be an idea to treat them as a possible question. Here we look at their structure and give phrases and a few examples.

FORM: The letter contains two addresses, the sender's and the receiver's. The position of the addresses is the opposite to that used in English. Often, formal letters refer to enquiries or bookings for the summer holidays. Here is a sample:

1. Michael O'Neill
   19, Stratton Road
   Dun Laoghaire
   Co. Dublin

2. Dublin, le 18 mai

3. Hôtel Rochefort
   Archachon
   33313 France

1. The sender's address is on the top left-hand side of the letter.
2. The date is two lines above the receiver's address.
3. The receiver's address is on the right-hand side below the date.

Monsieur,

Je vous écris **DE LA PART DE** (on behalf of) ma famille qui **COMPTE** (intend) passer deux semaines dans le sud de la France. Nous voudrions rester dans votre hôtel.

ON EST CINQ (there are five of us); mon père, ma mère, mes deux frères et moi. Pourriez-vous (Could you) réserver une chambre à un grand lit avec salle de bains, une chambre à deux lits avec douche et une chambre à un lit avec douche ? Nous arrivons le 20 juin et partons le 4 juillet. Nous voudrions la **PENSION COMPLÈTE** (full board). **VEUILLEZ** (a very formal way of making a request: Please ...) nous **INDIQUER** (let us know) le **TARIF** (the price) de ce séjour.

Avez-vous un tarif réduit pour les moins de dix ans ? Est-ce qu'on peut garer la voiture près de l'hôtel ? Est-ce que l'hôtel est loin de la plage ?

Nous **AVONS L'INTENTION DE** (intend) faire des **EXCURSIONS** (outings) en voiture dans la région. **JE VOUS SERAIS TRÈS RECONNAISSANT*** (I'd be very obliged) **DE BIEN VOULOIR** (if you would be so kind as to) nous envoyer des **DÉPLIANTS** (brochures) sur la région.

VEUILLEZ AGRÉER, MONSIEUR, L'EXPRESSION DE MES SENTIMENTS DISTINGUÉS. (All of this merely means: Yours faithfully).

---

* A vital sentence for this type of letter. It doesn't translate well directly, so learn it as it stands.

Here is a letter booking a site for a car and tent at a campsite:

Sheila Joynes   Longford, le 2 mars
35 Bridge Road
Longford   Camping Municipal de Bayeux
Ireland   Normandie
                             France

Monsieur,

Mes amies et moi voudrions passer une semaine dans votre terrain de camping au mois de juin cet été. **NOUS SOMMES** quatre filles (there are 4 girls). Nous comptons rester du 7 au 14 juin. Pourriez-vous nous réserver un **EMPLACEMENT** (a site) pour une tente et une voiture ? **VOULEZ-VOUS** (Will you) nous indiquer le tarif ? Veuillez nous **FAIRE SAVOIR** (let us know) s'il y a une **SALLE DE RÉUNION** (a dayroom) et des douches sur le terrain de camping.

Nous aimerions également faire des promenades en auto dans votre région. Donc, je vous serais bien reconnaissant de bien vouloir nous envoyer des **RENSEIGNEMENTS** (information) sur Bayeux et ses environs **LE PLUS RAPIDEMENT POSSIBLE** (as quickly as possible).

Est-ce qu'il y a des endroits intéressants à visiter en Normandie ? Peut-on aller voir des châteaux ? Votre camping, c'est loin des magasins ? Est-ce qu'il y a un **MAGASIN D'ALIMENTATION** (food shop) sur place ? Est-ce qu'on peut **LOUER** (rent) des vélos ?

J'ATTENDS votre réponse **AVEC IMPATIENCE** (I look forward to your reply).

JE VOUS PRIE D'AGRÉER (an alternative to 'VEUILLEZ AGRÉER' meaning the same thing), Monsieur, l'expression de mes sentiments distingués.

Exercises

1) Write a letter to a hotel in Brittany and do the following:
   a) Book one double and one twin room with shower.
   b) Ask to stay for a week, 8th–15th August.
   c) Ask for full board.
   d) Ask for the price.
   e) Ask about facilities in the hotel.
   f) Ask what there is to see and do in the area.

2) Write a letter to a campsite with the following details:
   a) There are three of you who wish to stay for four nights.
   b) You need a site for just one tent.
   c) You're staying from 3rd–7th June.

and ask:

    d) how much it will cost.

    e) about activities in the area.

    f) whether there are showers and toilets on the site.

    g) if there are any shops on the campsite.

NOTES:

a) Only two of the question forms are acceptable in formal letters:

    (i) Est-ce que : Est-ce qu'on peut louer des vélos ?

    (ii) Inversion : Pourriez-vous nous réserver . . . ?

b) Dear Sir = Monsieur/Dear Madame = Madame

    Do not translate 'Dear' – unless you know the adult to whom you are writing (e.g. the parent of a pal in whose house you stayed). Then you use the full name: 'Chère Madame Aubertot'.

c) Some other useful formal phrases worth learning:

Pourriez-vous m'envoyer une liste
$\left[\begin{array}{l}\text{monuments historiques ?}\\ \text{de vos tarifs ?}\\ \text{de campings ?}\\ \text{des activités dans la région ?}\end{array}\right.$

Est-il possible de louer des vélos ?

Je voudrais aussi savoir s'il y a une piscine près de l'hôtel.

Quelles sont les activités ?

Je voudrais un emplacement ombragé (shaded).

FURTHER PRACTICE FOR LETTER WRITING (ENGLISH-FRENCH)

Many letters to penpals overseas involve the theme of school. Since the student is thinking in English and must translate into French, the following exercise is included to help students to learn how to express themselves in French letter writing. This exercise includes several points of grammar already dealt with in the grammar section.

Translate the following letters to French penpals into French.

A. L'École

> Carrick-on-Shannon, 7th October
>
> Dear Luc,
>
> Hi! How are things? In your last letter which I got last week, you asked me to tell you about my school. Well, in my school there are 600 pupils, boys and girls. It is a big enough school, which is situated 5 kilometres from the city centre. I walk to school everyday. It takes 10 minutes. I live near the school. It's called St. Declan's.
>
> I am in 2nd year. I do 9 subjects. My favourite subject is Irish. I speak it almost fluently. I am also good at German. I love languages. However, I am weak at Science and hopeless at Maths.
>
> Classes begin at a quarter to nine and finish at 4 o'clock. We have a break for 15 minutes at 10.45 until 11.00. We have a break for lunch at 1.00. This lasts one hour.
>
> There are about 30 pupils in each class. The teachers are friendly but strict. I have many good friends in my school. After 4.00 my friends and I play football until 5.30. Then I go home and do my homework.
>
> What is school like in France? How many classes a day do you have? Do you go to school on Saturdays?
>
> Write to me soon and tell me about your school.
>
> Yours,
>
> Paul

B. Les Vacances

Nice, July 4th

Dear Jeanette,

Greetings from Nice, where I am spending my holidays with my family. We've been here for three days and are staying for one week. We left Dublin on Sunday and flew to Paris. We stayed one night in Paris and then took the train to Nice. The flight was pleasant and quick, but the journey by train was long and uninteresting.

In any case, here we are and we're enjoying ourselves. The weather is lovely, not a cloud in the sky. It's so warm. I swim in the warm sea every day.

I have met young people from several different countries. They are very nice and we hang around (traîner) a lot together. In the evenings we go to a disco. It's really good (génial).

Nice is extremely expensive. In the department stores, the prices of clothes are very high (élevés) and I can't afford (avoir les moyens de) to buy blouses and jeans. It's awful.

I'm having a good time. Where do you normally go on holidays? You should (tu devrais) come to Ireland one day.

That's all for now. See you!

Best wishes,
Claudine

Postcards and Notes

The note/postcard is marked out of 30 – 15 are given for communicating the three points effectively, i.e. they can be clearly understood by a French person and 15 are allocated to language content, i.e. grammar and expression.

These postcards or notes are very brief, requiring approximately 40 words. Basically, it's a matter of relaying the three points that you are asked to convey. Only 30 marks (out of 320) are awarded. That is still almost 10% of the total. Why waste it when the bulk of that 10% can be obtained without too much exertion? Roughly speaking, the same rules apply to letters, postcards and notes, that is, there is a beginning, a middle and a sign-off.

The beginning is the same, with a date for postcards, but not for notes, then 'Cher/Chère' to open. The same sign-offs apply to both letters and postcards and notes.

It is essential that you know your tenses thoroughly.

a) First of all, the future, because you often have to say when you 'will return' from a place, e.g.

' . . . je retournerai à 6 h pour le dîner' = I'll be back at 6 o'clock for dinner.

b) You must also know the past tense to express what you 'have been doing' or 'have done/did'.

Remember, if you are expressing what you did, then use the passé composé:

Je suis arrivé à Bordeaux. = I arrived in Bordeaux.

If you are saying what you 'were doing' or 'had been doing', then use the imperfect:

J'écrivais ce mot quand j'ai entendu . . . ' (I was writing . . .)
J'attendais l'autobus quand j'ai vu . . . ' (I had been waiting . . .)

c) You have to know the present tense to express what you 'are doing':
Je reste dans un hôtel. = I'm staying in a hotel.
Je me bronze. = I'm getting a tan.

To summarise, remember these points:

- Learn the three basic tenses: past, present, future.
- Be relevant! Don't wander off the point. Say what you have to say and sign off! Occasionally, some padding may be necessary.
- If you omit one point out of three, you will only be marked out of 2/3 of 30 – 20 marks. Make sure you deal with **all** the points.
- Learn prepositions because you will be saying where you're travelling **to**, coming **from**, who you're staying **with**, etc.

LET'S TRY SOME EXAMPLES OF POSTCARDS.

A.

Kenmare, le 8 juillet

Cher Cedric,

Salut ! Me voici dans une colonie de vacances dans le sud de l'Irlande. Ça me plaît, la colonie. Il y a beaucoup de jeunes de nationalités différentes. On fait du sport tous les jours. Ce que je n'aime pas ici, c'est la cuisine. C'est moche. Hier soir, j'ai rencontré une belle Française. Elle est très gentille. Il fait beau avec quelques nuages.

À bientôt,

Gérard

Comments:

   (i) me voici = here I am (nous voici = here we are)
  (ii) Note prepositions: **dans le** sud **de** l'Irlande. = in . . . of . . .
 (iii) 'Ça me plaît, la colonie' is an alternative to 'j'aime la colonie'. Note the double subject of 'Ça' and 'la colonie'.
  (iv) Again, 'on' is used for 'we' with the 3rd person singular (il, elle) of the verb.
   (v) 'Tous les jours' = 'chaque jour'.
  (vi) Worthy of mention is 'ce que'. It is high standard French but it is very useful when you want to say 'what' without asking a question. To illustrate:
      a) Qu'est-ce que vous voulez dire ? = What do you mean?
      b) Dites-moi **ce que** vous voulez dire. = Tell me **what** you mean.
      Here a) is a question; b) isn't. Note also the repetition of 'ce' to go with 'est' – 'what I like (it) **is** . . . '
 (vii) hier soir = last night (Note also: hier matin, demain matin)
(viii) Don't forget to make the adjectives agree: **'gentille'**, **'belle'**, **'différentes'**, **'quelques.'**

B.

Kerry, le 6 juin

Chère Céline,

Nous voici dans le Kerry où mes trois amies et moi passons une semaine dans une caravane au bord de la mer. J'ai beaucoup nagé dans la mer. Nous avons visité un vieux château et avons fait un pique-nique devant. Nous revenons vendredi.

À bientôt,

Patricia

Comments:

(i) 'In' with a county is 'dans le'; e.g. dans le Surrey, dans le Mayo.

(ii) Get across the main point in the opening sentence, i.e. where you are and why you're there, in this case, on holidays.

(iii) If you want to say that you spent time doing something, merely say that you **did** it. For example:

J'ai visité le musée. On a nagé.

You may be more practised at this structure than at:

J'ai passé beaucoup de temps à visiter le musée et à nager.

(iv) 'to visit'

J'ai **visité** le château. (places)
Elle a **rendu visite** à sa tante. (people)

However, it's easier to say 'aller voir' (go and see) or 'voir':

Elle **est allée voir** sa tante.

(v) Yet another 'faire' expression: 'to have a picnic' = 'faire un pique-nique'

(vi) 'devant' here means 'in front of **it**' with 'it' included.

(vii) Get used to different forms of saying, 'return/come back' other than 'retourner', which is too similar to English. Try:

Nous serons de retour.	**or**	Nous allons revenir.
Nous reviendrons.		Nous allons être de retour.

NOTE: to remember 'revenir' think of 'tax **revenue**' = 'tax **returns**'.
NOTE ALSO: 'rentrer' = 'to return **home**': Je suis rentré à minuit.

Adverbs

These accompany verbs, just like adjectives (such as '**large**' in 'a large room', 'red' in 'a **red** car', etc.) accompany nouns.

Adverbs in English usually have '-**ly**' at the end of the word:

I ran quick**ly**.   She read careful**ly**.

To create the adverb in French, if the adjective ends in a vowel, just add '-ment':

Il parle poli**ment**.   C'est absolu**ment** vrai.

Sometimes the adjective must become feminine first:

(mal)heureux	– (mal)heureu**SE**ment (happily)
actif	– acti**VE**ment (actively)
léger	– légè**RE**ment (slightly)

It is vital to note the following **major** exceptions:

C'est un **BON** élève. = He's a good pupil.
Il travaille **BIEN**. = He works well.
C'est une **MAUVAISE** auto.= It's a bad car.
Elle roule **MAL**. = It goes badly.
C'est un **PETIT** repas. = It's a small meal.
C'est vrai, il ne mange pas beaucoup. Il mange un **PEU**. = It's true, he doesn't eat much. He eats a little.

NOTE ALSO:
| vite = quickly | ➤ J'ai couru vite. | note position |
| lentement = slowly | ➤ Il écrit lentement. | |

C.

Kitzbühel, le 1er février

Cher Henri,

Bonjour ! Salutations de Kitzbühel où je passe les vacances d'hiver avec mes parents. Le paysage est formidable. Les grandes montagnes sont couvertes de neige et d'arbres. C'est magnifique. Quelle beauté! Je m'amuse beaucoup. Nous faisons du ski tous les jours. C'est chouette mais c'est aussi très difficile. Je tombe sans cesse. Je t'en parlerai quand je reviendrai.

Amitiés,
Paul

Comments:
(i) the date: le 1er (the 1st)
(ii) Another opening is to say 'Greetings from' = 'Salutations de'
(iii) Sometimes '**de**' can mean 'with' – 'couvertes de neige'.
(iv) Note agreements of 'grandes/couvertes'.
(v) Have a choice of positive expressions, e.g. 'chouette', 'formidable', 'magnifique', 'génial'.
(vi) 'sans cesse' – ceaselessly – all the time

Cloze tests (from trial papers – postcard question)

1.

Nice, le 10 juillet

Chère Chantal,

... voici ... Nice ..., je passe mes vacances ... ma tante, et elle m'a ... à aller avec elle. ... chouette ! Nous ... dans un grand hôtel ... luxe.

Le temps, ça ... plaît. Quelquefois, il ... trop chaud. Pendant la journée, je ... couche sur la plage et ... bronze.

Ce qui me ... aussi, ce sont les magasins. Les vêtements ... chics, je trouve, mais ils ... chers. Néanmoins, les prix ... coûteux.

La semaine ..., nous ... une excursion ... car pour une journée ... Ventimiglia ... Italie. J'attends le trajet avec impatience.

À ...

2.

Chère Nicole,

Salut ! Tu ... arrivée ... Lyon sain et sauf ? Eh bien, mes nouvelles ; j'ai ... un emploi à ... partiel ... un garage près ... chez ... . C'est assez ... payé. Je ... pompiste. ... août, je vais ... du camping ... mes parents ... campagne. C'est tout ... l'instant.

3.

Chère Patricia,

Bonjour ... Nice. Je ... arrivé en avion la semaine .... Le soleil brille chaque jour. Je reste ... trois ... chez la famille Durand. Ils ... très gentils. Il ... a quatre ... dans leur famille. La cuisine ... excellente. On ... des plats de poissons, ... bifteck et de beaux légumes. Je ... mieux français.

4.

Chère Valérie,

      Salut … Paris ! Toute … classe et moi … arrivés pour un séjour … une semaine. … formidable ! Nous … visité les sites les plus importants. Bien sûr, on … vu Le Louvre. Ce qui ne … plaît pas, c'est la nourriture ; trop … légumes. C'est infect ! Je pars … rejoindre mes copains.

Fill in a suitable word in the blank in French.

Je suis en … à Paris.

Me voilà … Nice … France.

Nous … … camping dans le Kerry.

Cet été nous … en vacances dans … ferme.

Bray, près de Dublin … chouette.

La cuisine … est extra.

… plage est superbe.

On … nager, pêcher, faire … ski nautique ou de la planche à voile.

Il … du soleil tout le temps.

La … est dégôutante – des escargots !

On … amuse bien.

Nous … allés voir … musées et les … historiques.

Il … très froid.

La plage … trouve … cent mètres … notre hôtel.

Nous sommes … sain et sauf.

L' … est très bien équipé.

Il y a une salle de réunion.

Demain nous … à la montagne.

J'espère … de belles photos.

As-tu … une bonne semaine … Grenoble ?

Amuse- … bien à Cannes.

Exercises on Postcards

N.B. Remember to say something about **each** point!

1.   Write a card to your parents telling them about your caravan holiday abroad in Belgium. You have been staying in a campsite with three friends near the French border. Tell them the following:
   (i) what the weather has been like;
   (ii) what there is to do at night;

(iii) your plans to go on a trip to France next week;

(iv) that you'll return home next month.

2. You're on holidays in the South of France. Write a card to your penpal in Paris, including the following points:

   (i) where you are and with whom;

   (ii) how long you're staying and in what kind of accommodation;

   (iii) how you spend your evenings;

   (iv) when you are going home.

3. You and your friends are at the seaside in a tent in Donegal. Send a postcard to your penfriend in Luxembourg giving him/her the following information:

   (i) you are enjoying the beach; (**not** 's'amuser' = to enjoy **oneself**)

   (ii) you spend your day swimming and playing;

   (iii) you met some young people from Germany;

   (iv) what the weather is like.

4. You are on a winter skiing holiday in the Alps (Val d'Isère). Write a postcard to your friend Michel/Michèle in Brussels. Give him/her the following information:

   (i) how you found the journey to the Alps;

   (ii) what kind of accommodation you are staying in;

   (iii) how you find the skiing;

   (iv) what the social life is like.

5. You are on holidays in Normandy. Write to your parents telling them your news:

   (i) you're enjoying the scenery;

   (ii) you have met nice people in the youth hostel;

   (iii) you bought presents for your parents and friends;

   (iv) you'll be home next weekend.

NOTE: 'In' Normandy, Brittany, etc. – 'en' Normandie, en Bretagne, etc. . . .

6. You are on an exchange holiday to Ireland. Write to your friend Lucien/Lucienne in Caen telling him/her the following:

   (i) how you found your flight;

   (ii) the Irish family is pleasant and kind;

   (iii) you don't like the Irish food;

   (iv) you went to a disco and met a nice Irish person.

7. You were invited by your French penpal Yves/Colette to spend a week with his/her family at a campsite in Deauville, a seaside resort in Northern France. Write a postcard home after just two days at the resort. Tell your parents that:
   (i) the weather is magnificient – it hasn't rained;
   (ii) the food is not very nice;
   (iii) Deauville is a large town and you have visited many sights;
   (iv) you'll be home at the end of the month.

8. You are a French student spending one month learning English in Cork. Write to your friend Jacques/Jacqueline in Poitiers telling him/her the following:
   (i) the ferry crossing was not pleasant;
   (ii) Cork people are friendly and nice;
   (iii) the countryside is beautiful;
   (iv) tomorrow you're going on a trip to the Burren.

SAMPLE NOTE

22 h

Madame Bellec,
   J'écris ce mot parce que votre amie, Madame Joubert, est passée à 21 h. Elle a rendu vos livres. J'ai mis les livres dans un tiroir dans le salon.
   Madame Joubert va passer ici demain vers dix heures. Elle veut faire des courses avec vous. Bonne nuit.

Céline

16 h

Mme Duclos,
   Je vous laisse ce mot parce que pendant votre absence, un de mes copains m'a donné un coup de fil. Il m'a invité à l'accompagner à la piscine.

Il va rejoindre ses amis. Je $\begin{bmatrix} reviendrai \\ rentrerai \end{bmatrix}$ vers six heures pour mon goûter.

À toute à l'heure,

Martha

Le vocabulaire :

je vous laisse ce mot = I'm leaving you this note
(il) m'a donné un coup de fil = m'a téléphoné

NOTE 'inviting' someone to do something takes 'à' before the verb: thus, 'il m'**a invité** à aller . . .'.

il va rejoindre . . . = he's going to meet/join . . . (or) il va retrouver . . .
À toute à l'heure = see you soon

NOTES – CLOZE TESTS

1.

Chère Suzanne,

    Merci . . . ton invitation . . . ta boum samedi. J' . . . ce mot pour te dire . . . je peux . . . à ta boum. J'accepte . . . invitation. Malheureusement je . . . en retard parce que j' . . . pris rendez-vous . . . mon dentiste . . . 6 h 30. Donc, je . . . désolée.

                                     Patrice

2.

Madame,

    J' . . . ce mot pour . . . dire que je . . . allé à la poste. J' . . . écrit une carte postale . . . mes parents et je veux . . . un timbre. Je . . . de retour à 6 h pour . . . dîner.

    À toute . . . l'heure.

                                       Pierre

3.

Michèle et Yvette,

    Je . . . passée chez vous pour . . . faire savoir mes nouvelles. J'ai . . . le grand prix de tennis à l'école. J'ai . . . une médaille d'or. C' . . . ma première finale. Je . . . fêter ma victoire à un restaurant avec . . . famille. Vous voulez . . . accompagner ?

                                     Amitiés,

                                     Géraldine

4.

Maman,

    Juste un petit mot pour . . . dire que je . . . partie pour . . . piscine avec mes amies. J'ai . . . mes devoirs et j'ai . . . ma chambre. Je . . . rentrer . . . 5 h 15.

    À toute . . . l'heure,

                                       Denise

5.

Cher Marc,

Je t' … quelques lignes pour … dire de mauvaises nouvelles. Le disque que tu m' … prêté ? Eh bien, je l' … perdu. Je crois que je l' … laissé à … école. Je … chercherai demain. Je m'excuse.

À bientôt,
Richard

6.

Chère Anne,

Nous … passées chez toi mais il n' … avait personne. Nous … au cinéma. On passe 'Rainman'. Il commence … 8 h. Il … 7 h maintenant. Si tu peux venir … nous, nous … rencontrerons … 7 h 50 devant … cinéma.

À bientôt,
Françoise

7.

Madame,

Pendant que je gardais vos enfants, … sœur a téléphoné à 9 h. Elle … dit qu'elle ne peut … faire des achats demain avec vous. Elle … malade. Elle … la grippe et doit rester … lit. Elle va téléphoner demain.

Patricia

8.

Chers Maman et Papa,

Juste un … mot … vous dire qu'une de mes amis m' … donné un … de fil. Elle m' … invité à une boum chez elle. Il … aura beaucoup … nourriture à la boum, donc je n' … pas pris mon dîner. J'apporte … disques. Je … retourner à minuit.

Amitiés,
Bernard

9.

> *Cher Paul,*
>
> *Je ... passé chez toi mais tu ... sorti. Je vais ... piscine avec des copains cet après-midi. Veux-tu nous rejoindre plus tard ... piscine, disons 3 h ? On va ... café après pour un café. Donne-... un coup de fil, si ... veux.*
>
> > *À tout à l'heure,*
> > *Louis*

10.

> *Chère Catherine,*
>
> *Il ... 6 h 30 maintenant. Je sais ... notre rendez-vous était ... 5 h 30. J'ai ... ce mot pour t'expliquer pourquoi je ... en retard. Je ... pouvais pas ... les clefs de ma maison. Enfin, après une demi-heure de recherche, j'ai ... les clefs dans un tiroir. Je te ... un coup de fil ce soir.*
>
> > *Annette*

SAMPLE NOTES AND POSTCARDS

1. You are staying with the Briend family in Lorient. A French teenager, Michel/Michelle, with whom you have become friendly, has invited you out. Leave a note for Madame Briend to say:
   (i) Michel / Michelle telephoned and invited you to a concert with a group of friends;
   (ii) you have gone there by bus;
   (iii) you will be back around 11 p.m.

> *Madame,*
>
> *Juste un petit mot pour vous dire que Michelle m'a téléphoné et m'a invité à un concert avec un groupe d'amis. Je suis allé en autobus au concert. Je vais rentrer (ou: je rentrerai) vers onze heures ce soir.*
>
> > *Bien à vous*

2. You are on holiday in Ireland with your family. Write a postcard, in French, to a French friend, Claude/Claudine to say:
    (i) the weather is very good, and you are enjoying yourself;
    (ii) you are spending a lot of time at the beach with your friends;
    (iii) send your regards to his / her parents.

> Chère Claudine,
>
> Salutations de Wexford où je passe mes vacances d'été avec ma famille. Le temps est très beau et je m'amuse beaucoup. Je passe chaque jour à la plage avec mes amis. Nous nageons, nous jouons au volley et prenons un bain de soleil. Meilleur souvenir à tes parents.
>
> Amitiés,

3. You are staying with a French family in La Rochelle. A French teenager, Martin/Martine, with whom you have become friendly, has invited you to meet him/her in front of the cinema at 2.30. However, (s)he did not turn up, so you call to his/her house and leave a note to say:
    (i) you waited in front of the cinema for half an hour;
    (ii) you are disappointed;
    (iii) suggest another time and place for a meeting.

> Cher Martin,
>
> Je te laisse ce mot pour te dire que j'ai attendu devant le cinéma, comme prévu, pendant une demi-heure. Tu n'es pas arrivé. Pourquoi pas ? Je suis très déçu. Veux-tu me rejoindre demain à trois heures de l'après-midi en face de la librairie ? Ça te va ?
>
> A demain

4. A French girl, Isabelle, is staying with your family as part of a school exchange. One Saturday morning, you have to go out before Isabelle gets up. Leave a note to tell her:
    (i) you have gone to the swimming pool with your friends;
    (ii) you will be back before 1.00;
    (iii) you are going to see a film in the afternoon and ask her if she would like to go as well.

> *Chère Isabelle,*
>
> *Je te laisse ce mot pour te faire savoir que je suis allée à la piscine avec mes copains. Je serai de retour avant une heure. Je vais voir un film cet après-midi. Veux-tu m'accompagner ? Si oui, téléphone-moi sur mon portable.*
>
>
>
> *Amitiés*
>
> *Jeanne*
>
>

5. You are on holidays in Donegal with your family. Write a postcard to your French penpal, Didier, to say:
   (i) when you arrived and who is with you;
   (ii) the weather is a bit cold;
   (iii) you will be going to Derry tomorrow to do some shopping.

> **Cher Didier,**
>
> **Salutations de Bundoran où je passe mes vacances avec ma famille. Nous sommes arrivés hier à seize heures. Il fait un peu froid, mais le soleil brille. Je vais aller à Derry demain pour faire des achats. Je vais acheter beaucoup de cadeaux. Je reviendrai samedi et je t'écrirai. Bonne chance !**
>
>
>
> **Amitiés**
>
>

6. You come to your French class one morning and you haven't done your homework. You decide to impress the teacher by writing a short note in French!
   (i) you have not done your homework and you are sorry;
   (ii) you played a basketball match yesterday and it was late when you got home;
   (iii) you will do the homework this evening.

> *Cher Professeur,*
>
> *Je n'ai pas fait mes devoirs pour aujourd'hui. Je m'excuse. J'ai joué un match de basket hier et il était tard quand je suis rentré chez moi. Je vais faire les devoirs ce soir.*
>
>
>
> *Bien à vous*
>
>

7. You are on holidays in Kerry with your family. Write a postcard to your French penpal, Marc, to say:
    (i) where you are and with whom;
    (ii) you went to the Aquadome in Tralee;
    (iii) you will return on Friday.

> Cher Louis,
>
>   Salutations de Tralee dans le comté de Kerry où je passe mes vacances d'été avec ma famille. Hier, nous sommes allés à l'Aquadome de Tralee. C'était génial ! Nous allons rentrer chez nous vendredi.
>
>   Amitiés

EXERCISES ON NOTES

1. You are staying with the Lacroche family in Nantes. A neighbour, Simon/Simone, with whom you have become friends, has called and asked you to go to a party with him/her. Leave a note for Mme Lacroche to say the following:
    (i) Simon/Simone called in and invited you to a party.
    (ii) You have washed the dishes.
    (iii) You'll be back before midnight.

2. You have just won a bike in a newspaper sports quiz. You have to go into town to collect your prize. Leave a note for your parents to explain your good fortune:
    (i) You have just ('je viens de' + infinitive) won a bike in a competition.
    (ii) You are going into town to get your prize.
    (iii) You'll be home for tea at 6 o'clock.

3. You're staying with your exchange partner's family in Rouen. While you are in the house, you receive a phone call from your parents who are travelling to Paris but have stopped in Rouen en route. They would like to see you for dinner. Leave a note for your hostess. Tell her that:
    (i) Your parents have just phoned.
    (ii) They're on their way to Paris and wish to see you.
    (iii) You will not be home for dinner. You are eating out with your parents.

4. You are staying with friends at the seaside. You have to go out, but someone calls to return a record. Leave a note explaining where you are going, who called and why:
   (i) Brigitte called in to give back a record she borrowed ('emprunter').
   (ii) You placed the record on top of the record player.
   (iii) Finally, where you have gone and why.

5. You have arranged to meet a friend at the cinema. However, he/she hasn't turned up, so you call to his/her house and leave a note saying:
   (i) You waited for him/her in front of the cinema. He/she never arrived.
   (ii) You didn't see the film and are annoyed.
   (iii) You would like to see him/her at the Café des Sports at 9.00 tomorrow evening.

6. You have just won two concert tickets on the radio. You call to your friend's house to invite him/her to the concert next week at Slane. (S)/he is not there, so you leave a note saying the following:
   (i) You have won two concert tickets for Slane.
   (ii) You invite your friend to go with you.
   (iii) The times and arrangements to meet.

SAMPLE POSTCARD

Cork, le 27 juin

Chère Michelle,

Salutations de Cork ! Je m'amuse beaucoup ici. Il fait froid et il pleut constamment. Tant pis ! J'aime la ville de Cork. Hier j'ai rencontré un type anglais. Nous avons beaucoup bavardé. Il s'appelle Jeffrey. Demain soir, je vais aller en boîte avec des amis. J'espère te voir bientôt.

Ton ami,
Brian

Le vocabulaire:

constamment = constantly
Tant pis ! = Never mind!
un type = a guy, bloke
nous avons bavardé = we chatted; also: 'on a bavardé'

SAMPLE LETTERS

A.

Skerries, le 22 mai

Chère Martine,

Mon professeur de français m'a donné ton adresse. Je m'appelle Brian et j'ai quinze ans. Si tu veux, tu pourras venir passer deux semaines chez moi en été. Mes parents sont d'accord.

J'habite un petit village à dix-huit kilomètres de Dublin. Ma maison est moderne, grande et en brique. Il y a trois pièces en bas, quatre chambres et une salle de bains en haut. Dans le village, il y a des magasins, un cinéma, un foyer de jeunes et une bibliothèque.

J'aime beaucoup la musique pop. J'écoute mes disques tous les jours. La musique danse me plaît aussi.

Je mange beaucoup de nourriture. J'adore la viande et les desserts, surtout la tarte aux pommes avec de la crème anglaise. Je déteste quand même les légumes. Mon plat préféré est le steak et frites.

Je vais à l'école à Dublin. Je passe mon Junior Cert. cette année. C'est assez dur. Les cours commencent à neuf heures moins le quart et se terminent à quatre heures. Pendant la pause de déjeuner, je mange mes sandwichs au jambon et bavarde avec mes copains.

J'étudie dix matières à l'école et ma matière favorite est la géo, mais l'histoire, c'est moche. Malheureusement je dois faire mes devoirs maintenant. Ça alors !

Je peux venir te chercher à Rosslare. Écris-moi pour me dire ce que tu en penses.

À bientôt,

Brian

B.

Dublin, le 29 avril

Cher Martin,

Je m'appelle Marc, ton nouveau correspondant. J'habite dans la banlieue de Dublin dans une assez grande maison. Dans mon quartier, il y a un club de jeunes, des discothèques, un cinéma et des magasins. Il n'est pas loin de la grande ville par le train. Ici, il y a beaucoup de jeunes et beaucoup à faire.

J'adore la musique, surtout la musique rock. Mon chanteur favori est Elton John. Mon groupe préféré est R.E.M. J'ai tous leurs disques. Et toi ? Aimes-tu la musique rock ?

Ma mère est ménagère et elle fait de très bons repas. Chez moi, nous mangeons beaucoup de viande, comme le bœuf, l'agneau et le jambon. On mange beaucoup de chocolat et bien des bonbons aussi. J'espère que tu aimeras notre nourriture.

Quand tu viendras, tu devras aller à l'école avec moi. Ce n'est pas mal. Nous rentrerons chez moi chaque jour pour le déjeuner à une heure. On a neuf cours par jour qui commencent à neuf heures moins le quart et se terminent à quatre heures. On a une heure pour la pause de déjeuner.

Je serai à Rosslare le 22 mai avec mon père pour te rencontrer. Nous arriverons vers 16 heures et nous t'attendrons là. J'attends te voir avec impatience.

Cordialement,
Marc

C.

```
                                        Dublin, le 2 avril
    Chère Martine,
        Mon prof de français m'a donné ton adresse. Je suis contente d'avoir une
    correspondante française. Je t'écris aujourd'hui parce que c'est mi-trimestre et j'ai deux
    jours de congé.
        Je m'appelle Patricia et j'ai quinze ans. J'habite une grande maison. Elle se trouve
    dans un quartier de grand standing avec beaucoup de divertissements, tels que le tennis,
    l'équitation, la pêche, etc... Nous pourrons passer des vacances très agréables ici. On
    pourra aller nager et peut-être faire de la planche à voile.
        J'aime beaucoup la musique classique. C'est formidable ! Je crois que la musique
    pop fait trop de bruit. Le soir*, je me couche de bonne heure. Quand je suis au lit,
    j'écoute des disques et je me repose.
        La nourriture ici est délicieuse. Nous mangeons, pour le petit déjeuner, des tartines
    (comme en France), et nous buvons du thé ou du café. Pour le déjeuner, on mange des
    pommes de terre, des légumes et de la viande. Quelquefois on prend de la salade.
        L'école, ici, n'est pas comme en France. Je vais à un lycée de filles. Les cours
    commencent à neuf heures et finissent à trois heures et quart. À onze heures nous
    avons une petite récréation. Je traine et bavarde avec mes copines. À une heure, nous
    avons l'heure du déjeuner. Ça dure jusqu'à deux heures.
        Tu m'as dit que tu vas arriver à Rosslare le 3 juillet à dix heures dix. Nous
    pourrons te chercher. J'attends avec impatience ton arrivée.
                                        Ton amie,
                                        Patricia
```

*NOTE: le matin = in the mornings
le soir = in the evenings

Vocabulary for the three sample letters

A.
(il) m'a donné = (he) gave me (has given to me)
Il y a trois pièces en bas. = There are three rooms downstairs.
Note: 'une pièce' is a general term for a room.
un foyer de jeunes = a youth club
une bibliothèque = a library
beaucoup de nourriture = a lot of food
surtout = especially
mon plat préféré = my favorite dish

Je passe mon Junior Cert. = I'm sitting my Junior Cert.

C'est dur = It's difficult, hard.

… se terminent = … finish

j'étudie = I'm studying; also: je fais (des études)

ma matière favorite = my favorite subject; also: ma matière préférée

la géo(graphie) = geography

C'est moche. = It's awful.

Ça alors ! = For heaven's sake!

… ce que tu en penses = … what you think of it …

B.

la banlieue de Dublin =

mon quartier =

l'agneau =

bien **des** bonbons =   = also beaucoup **de** bonbons

on a neuf cours =

la pause de déjeuner =

{ nous t'attendrons =

{ j'attends … avec impatience =

C.

c'est mi-trimestre =

un jour de congé =

PHRASES FOR PRACTICE

1. My name is John.
2. Her name is Yvonne.
3. I am called Séamus.
4. He is called Alain.

5. I am 14$^{1}/_{2}$ years old.
6. My brothers are 13 and 17 years old.
7. Suzanne is 12.

8. I am living in the country.
9. We live in Paris.

10. I am writing this note.
11. I am writing to you.

12. My father is a businessman.
13. My mother is a nurse.

14. I go to school in the village.
15. I go to the cinema every weekend.

16. At school I do 8 subjects.
17. At school we do 8 subjects.

18. I am good at English
19. You are weak at French.
20. He is hopeless at Maths. His favourite subjects are Art and History.

21. I am working well. My favourite subject is English.
22. They are working badly.

23. I've just received your letter.
24. I've just bought a computer.

25. I play chess.
26. We play soccer.

27. I'm going to see a film.
28. I'm not going to visit Spain.
29. We're going to visit my uncle.
30. We're not going to leave now.

31. I'm arriving at 6 o'clock.
32. I'm not leaving at 8.30.
33. We're arriving by coach.
34. They're staying until Friday.
35. They're not leaving until Sunday.

36. I'm enjoying myself here in Cannes.
37. We're enjoying ourselves here in Paris.

38. Here we are in Greece.
39. Here I am in England.

40. I am going out tonight.
41. I am setting off for Nice.

42. I went home.
43. I arrived home.

44. She stayed in the hotel.
45. They and I left early.

46. I got on the bus. I took the train.
47. We got off the plane.
48. I went out into the garden.
49. Helen came into the lounge.

50. My father got up at 7.00.
51. My sister got up at 7.45.
52. My mother went to bed at 10.00.

53. Have you read the book?
54. Have you seen the film?
55. Have you been in Ireland?
56. Has he met my friends?
57. Has she eaten French food?

58. Do you like snails?
59. Do you read novels?
60. Do you play soccer?
61. Does he play draughts?
62. Does she listen to rock'n'roll?
63. Do they know the phone number?

64. What's your favourite group? Favourite subject?
65. What's his favourite team? Favourite pastime?

66. What do you like to do at weekends?
67. What do you like to read?
68. What is there to do in summer?
69. Why do you not like school?
70. Why is he not coming to Italy?

71. When is your birthday?
72. When are you arriving?

73. I love sport.
74. I adore cycling.   } (Express without using 'aimer' or 'adorer'.)
75. I'm dead keen on hurling.

76. There is a lot to do at the sea.
77. There's a lot to see in spring.
78. There were too many people in the hotel.
79. There was too little work for me.

80. I must leave now. (devoir)
81. I have to go out now.
82. I must go now. (falloir)

ADDITIONAL PHRASES

These are short phrases which would be useful for letter/postcard/note writing. See if you can fill in their meaning:

1) 'Quel' exclamations

Quel dommage ! =   Quel beau temps ! =
Quelle chance ! =   Quel mauvais temps ! =
Quel beau pays ! =   Quelle belle ville ! =
Quelle belle cuisine ! =

2) 'C'est' exclamations/expressions

C'est moche ! =   C'est génial ! =
C'est ennuyeux ! =   C'est chouette ! =
C'est affreux ! =   C'est formidable ! =
C'est casse-pieds ! =   C'est bon. =
C'est drôle. =   C'est bien. =
C'est intéressant. =   C'est assez bon. =
C'est super ! =   C'est amusant. =

3) Other salutations and exclamations

Attention ! =   Joyeux Noël ! =
Salutations de Genève ! =   D'accord ! =
Félicitations ! =   Voyons ! =
Bon voyage ! =   Extra ! =

4) Miscellaneous phrases

de temps en temps =	pas du tout =
c'est à dire =	malgré =
malheureusement =	au lieu de =
d'abord =	sans doute =
ensuite =	tout seul =
à la fin =	sain et sauf =
à l'avenir =	en ce moment =
peu à peu =	d'habitude =
à pied =	pendant quelque temps =

Now put them into short sentences to help you both understand and remember them.

ADJECTIVES

Here is a list of useful adjectives for the written section of the exam paper; as an exercise, translate these words into English.

ma **propre** chambre =	une chambre **propre** =
un **vieux** château =	une maison **vide** =
j'étais **fâché** =	une langue **étrangère** =
des prix trop **élevés** =	un film **passionnant** =
une vedette **célèbre** =	un homme **honnête** =
une rue **étroite** =	une traversée **agréable** =
un voyage **fatigant** =	une **drôle** d'histoire =
elle était **seule** =	un bruit **formidable** =
un garçon **sportif** =	la **gentille** lettre =
une fille **sympa** =	j'ai eu un **court** séjour =
l'examen était **dur** =	une **vraie** histoire =

Now put these phrases into short sentences.

GRAMMAR SECTION

Which? What? (with a noun) = Quel ?

	Sing.	Plur.
Masc.	Quel	Quels
Fem.	Quelle	Quelles

a) **'Quel' is used to ask a question; it is like an adjective and therefore agrees with the noun:**

Quel est ton compositeur favori ? (**masc. sing.**)
   C'est Beethoven.

Quelle est ton équipe préférée ? (**fem. sing.**)
   C'est Everton.

Quels livres aimes-tu lire ? (**masc. pl.**)
   J'aime lire les romans policiers.

Quelles matières preferez-vous ? (**fem. pl.**)
   Je préfère le gaélique, les maths et l'informatique.

   Also: Quel temps fait-il ? / Quelle heure est-il ?

b) **It can also be used as an exclamation: What a . . . !**

Quel dommage !   =   What a pity!
Quel fainéant !   =   What an idler!
Quel veinard !   =   What a lucky thing! (you are)
Quelle bêtise !   =   What a stupid thing! (to do)
Quelles fautes !   =   What (awful) mistakes!

Practice – Translate:

1. What a game! Brilliant!
2. What time is it?
3. Which team do you like?
4. Which man is your uncle?
5. Which bottle of wine do you want?
6. What a pity! It's raining!
7. What luck! We won!
8. What's your address?
9. Which boy is your neighbour?
10. Which train leaves at 6.30?

Prepositions
'in', 'to' and 'from' a country or a town

Countries

a) Les pays

(i) All have genders – they're either masculine or feminine.
(ii) All start with 'le, la, l', les'.
le Portugal
le Luxembourg
la Grèce
la Suisse
l'Italie
l'Allemagne
les États-Unis
les Pays-Bas

NOTE: Most 'countries' in Europe are feminine, and end in 'e' l'Italie, la Belgique, la Suède.

(iii) 'to' or 'in':
Before a country which is masculine – 'au'
Before a country which is feminine – 'en'

Je vais **AU** Canada. (I am going to Canada.)
Il est **AU** Pays de Galles. (He's in Wales.)
Tu vas **EN** France. (You're going to France.)
Nous restons **EN** Espagne. (We're staying in Spain.)
Je suis allé **AUX** États-Unis. (I went to the U.S.)

(iv) 'from':
If the country is **masculine**, 'from' = '**du**'; if it is **feminine**, 'from' = '**de**'.

Je viens **du** Japon. = I come from Japan. (masc. sing.)
Il est arrivé **des** Pays-Bas. = He arrived from the Netherlands. (masc. pl.)
Nous partons **d'**Écosse. = We're leaving Scotland. (fem. sing.)
Je suis parti **de** Grèce. = I left Greece. (fem. sing.)

b) Les villes *Towns*

(i) 'to' 'in':
Towns do **NOT** have a gender. There is **NO** masculine or feminine 'To'
and 'in' are therefore '**à**':

Je vais **À** Berlin. = I'm going to Berlin.
Me voici **À** Paris. = Here I am in Paris.
Ils ont un studio **À** Londres. = They've got a bedsit in London.
Elle est arrivée **À** Edimbourg. = She arrived in Edinburgh.

NOTE: Where the town has '**le**' in its name:
On voyage **au** Havre/**au** Mans. = We're travelling to le Havre/le Mans.

(ii) 'from':
'From' is always 'de':
Elle est partie **de** Cork en train. = She left Cork by train.
Nous sommes rentrés **de** Bordeaux. = We came back from Bordeaux.

Exercise – Translate:

1. Here I am in Brittany.
2. I arrived in Grenoble last Monday.
3. I hope to go to Italy this summer.
4. I spent a fortnight in Spain with my parents.
5. I want to go to Belgium at Christmas.
6. My parents went to America at Easter.

Use of 'depuis' = 'since' , 'for'

With the present tense, we learned to say:
I am writing a letter.

The *passé composé* taught us to express:
>I have written the letter.

The imperfect tense taught us to say:
>I was writing a letter.

What about a construction where the action 'was taking place' in the past and is **still** 'going on' in the present? For example:

Jean-Luc:	What are you doing, Alain?
Alain:	I am writing a long letter to my parents.
J.-L.:	But you were writing it yesterday, Alain.
Alain:	Yes, and I am still writing it today.
J.-L.:	You mean, you **have been writing** that letter **since** yesterday?
Alain:	That's right. **I have been writing** it **since** yesterday.

The action described here began in the past and is still happening today. Such a construction is impossible to translate into French *verbatim*,

>i.e. **I have + been + writing.**

Instead, we use a much simpler method, saying:

>I **am writing** the letter **since** yesterday.

because the action is still continuous in the present. Thus the conversation would go like this:

Jean-Luc :	Que fais-tu, Alain ?
Alain :	J'écris une longue lettre à mes parents.
J.-L. :	Mais tu l'écrivais hier, Alain !
Alain :	Oui, et je l'écris toujours aujourd'hui.
J.-L. :	Tu veux dire que tu ÉCRIS cette lettre DEPUIS hier ?
Alain :	C'est ça. Je l'ÉCRIS DEPUIS hier.

'Depuis' is used instead of 'pendant' to express 'for'.

She has been leaning French **for** five years.
>= Elle apprend le français **depuis** cinq ans.

If the action is **finished**, then use the **passé composé** and 'pendant'.

They stayed in Paris for six weeks. (action finished)
> = Ils **sont restés** à Paris **pendant** six semaines.

They've been staying in Paris six weeks. (action continuous – and 'still staying in Paris')
> = Ils **restent** à Paris **depuis** six semaines.

Exercise – Translate:

1. He has been waiting for an hour.
2. I have been learning French for three years.
3. Michel walked in the forest for half an hour.
4. Alain has been walking in the forest for half an hour.
5. I studied Maths for one hour.
6. I have been studying Maths for one hour.
7. Jean and Marc have been here for two hours.
8. The director spoke for ten minutes.
9. We've been living in Dublin for eight years.
10. You have been listening to that record since this morning.

NOTE: **FOR = POUR**
> = for a time yet to come, i.e. for an intended period of time.

Examples:
> J'espère aller en France **pour** trois semaines cet été.
> Il est allé à Paris **pour** six jours.

The Future Tense (will)

A relatively easy tense to form – but with many exceptions. It simply translates the idea that you **WILL** do something.

1) To form it you merely **ADD** the **ENDINGS** of the verb '**AVOIR**' to the **INFINITIVE**:
   a) -ER verbs: **MANGER** (infinitive) – je manger**AI** = I **will** eat
   b) -IR verbs: **FINIR** – je finir**AI** = I **will** finish
   c) -RE verbs: **VENDRE** – je vendr**AI** = I **will** sell (**NOTE** that the last '-e' is dropped.)

2) The endings are the same for **all** verbs, **regular** and **irregular**:

	Regular			Irregular (être)
je	mangerai	finirai	vendrai	serai
tu	mangeras	finiras	vendras	seras
il elle	mangera	finira	vendra	sera
nous	mangerons	finirons	vendrons	serons
vous	mangerez	finirez	vendrez	serez
ils elles	mangeront	finiront	vendront	seront

3) You will also note that **all** the stems of verbs in the future tense finish with the letter '**r**' before adding 'ai', 'as', 'a,' etc.

4) The following are the main exceptions:

be être   – je **ser**ai
have avoir   – j'**aur**ai
go aller   – j'**ir**ai
want vouloir   – je **voudr**ai
send envoyer   – j'**enverr**ai
have devoir   – je **devr**ai
necessary falloir – il **faudr**a
rain pleuvoir   – il **pleuvr**a
make/do faire   – je **fer**ai
be able pouvoir – je **pourr**ai
come venir   – je **viendr**ai
see voir   – je **verr**ai
receive recevoir – je **recevr**ai
know savoir   – je **saur**ai
run courir   – je **courr**ai

NOTE: The 'er' verbs which make slight changes in the present tense also do so in the future tense:

call appeler – j'**appeller**ai
take mener   – je **mèner**ai   BUT: espérer – j'**espérer**ai
throw jeter   – je **jetter**ai

Exercise – Translate:

1. I will return at 5.30.   *J'ai retournerai à cinq heures et demi*
2. We will be late.   *Je serai*
3. The children will see their uncle.
4. I will have the time.
5. The letter will arrive tomorrow.
6. It'll rain this afternoon.
7. You'll have to work hard.
8. I shall send the postcard.

Aller + Infinitive (going to do something)

This is an alternative to using the future tense form (I will).

There are **two ways** of expressing your intention for the future. You can say:

> **a)** that you **will** do something;
> **b)** that you **are going to** do something.

In a) you use the normal future tense form:

Je **me lèverai** à 7 h.	= I'll get up at 7 o'clock.
Les enfants **iront** en vacances.	= The children **will** go on holidays.
Mon père **prendra** sa retraite.	= My father **will** retire (will take his retirement).

In b) you use the present tense of 'ALLER' plus the infinitive i.e. 'to do something':

Je **vais** me lever à 7 h.	= I'm **going to** get up at 7 o'clock.
Les enfants **vont** aller en vacances.	= The children **are going to** go on holidays.
Mon père **va** prendre sa retraite.	= My father **is going to** retire.

Exercises

a) Change the future tense into '**aller' + infinitive**:
  (i) J'achèterai des timbres à la poste.
  (ii) Ses amis feront une promenade en vélo.
  (iii) Je donnerai un cadeau à Michel.
  (iv) Il pleuvra demain.
  (v) Nous serons fatigués ce soir.

b) Now change these sentences into the future tense:

(i) Nous allons marcher à l'école.
(ii) On va partir en Allemagne.
(iii) Il va neiger bientôt.
(iv) Je vais prendre un café.
(v) Jean-Marc et sa femme vont acheter une maison.

c) Put these sentences into French:
(i) We are going to go fishing this morning.
(ii) You (tu) are going to read the novel.
(iii) I am going to leave soon.
(iv) Are we going to go home?
(v) Are you (vous) going to say 'hello'?

The Negative

I am **not** going to argue.   = Je **ne** vais **pas** me disputer.
Paul **isn't** going to stay long.   = Paul **ne** va **pas** rester longtemps.

NOTE: Position of negative.

d) Translate:
(i) I'm not going to work today. =
(ii) My friends and I aren't going to leave now. –
(iii) We're not going to travel to Germany. =
(iv) Mum and Dad are not going to cook today. =
(v) The journey isn't going to last long. (durer = to last) =

The Passé Composé (Perfect Tense)

This tense expresses:

what **HAS HAPPENED**
or
what someone **HAS DONE**.

It is principally used in: conversation;
letters;
newspapers;
television and radio reports.

For Junior Cert. purposes, it is a vital tense in letter/postcard/note writing since you are often asked to describe what you **have** recently **done**.

In general, in English, we say: '**I walked** to school this morning.' However, the French say:

I HAVE WALKED to school this morning.

Hence the *passé composé* which is **composed** of two parts:

   i)   the Present Tense of **AVOIR** (and sometimes **ÊTRE**);
  ii)   the **PAST PARTICIPLE** of the verb.

The Past Participle

Do not be put off by this difficult term, it just means words like **DONE, GONE, WALKED, ASKED, LISTENED, CHOSEN**, etc. To form these words in French is slightly complicated:

a)   First, take the three regular types of verbs, the -**ER**, -**IR** and -**RE** verbs:

   MARCHER (to walk)   FINIR (to finish)   VENDRE (to sell)

b)   Then remove the infinitive (this is the form of the word found in the dictionary) ending:

   MARCH–   FIN–   VEND–

c)   And add these new endings:

   marchÉ (walked)   finI (finished)   vendU (sold).

Now combine the two elements of the *passé composé* – **avoir + past participle**:

J'**ai marché** à l'école.	=	I walked to school.
Tu **as marché** à l'école.	=	You walked to school.
Elle/Il **a marché** à l'école.	=	She/He walked to school.
Nous **avons marché** à l'école.	=	We walked to school.
Vous **avez marché** à l'école.	=	You walked to school.
Elles/Ils **ont marché** à l'école.	=	They walked to school.

NOTE that the past participle '**marché**' doesn't change its spelling.

TO RECAP:

NOW (present tense)

J'**attends** le train.	=	I'm waiting for the train.
Il **travaille** au bureau.	=	He works at the office.
Nous **mangeons** le déjeuner.	=	We're eating lunch.
Vous **choisissez** la maison.	=	You choose the house.

THEN (past tense)

J'**ai attendu** le train.	=	I waited for . . .
Il **a travaillé** au bureau.	=	He worked . . .
Nous **avons mangé** le déjeuner.	=	We ate/have eaten . . .
Vous **avez choisi** la maison.	=	You chose/have chosen . . .

REMEMBER: Past participles come from their infinitives:

(i) **-ER** verbs: **-er** becomes **-é**:
J'ai DONNÉ un cadeau à Marie. = I gave/have given a present to Mary.

(ii) **-IR** verbs: **-ir** becomes **-i**:
Pierre **a** CHOISI le cadeau pour Anne = Pierre chose/has chosen the present for Anne.

(iii) **-RE** verbs: **-re** becomes **-u**:
Nos voisins **ont** VENDU leur auto. = Our neighbours sold/have sold their car.

As usual, there are **EXCEPTIONS** among the past participles; there is no real pattern – they just have to be learned!

connaître *know*	=	connu
lire *read*	=	lu
faire *do/make*	=	fait
vouloir *want*	=	voulu
devoir *have*	=	dû
pouvoir *be able*	=	pu
voir *see*	=	vu
recevoir *receive*	=	reçu
savoir *know*	=	su
ouvrir *open*	=	ouvert
dire *say*	=	dit

12 écrire *write*	=	écrit
13 boire *drink*	=	bu
14 être *be*	=	été
15 mettre *put*	=	mis
16 prendre *take*	=	pris
17 avoir *have*	=	eu

NOTE THESE 3!

mourir *die*	=	mort
venir *come*	=	venu
naître *be born*	=	né

NOTE: The ones that end in '-oire' – they often become 'u'.

The same rules apply:

> J'**ai vu** le match à la télé.
> Les agents **ont fait** l'arrêt.
> Hélène **a reçu** la lettre.
> Nous **avons ouvert** la porte.

The best way of learning the *passé composé* is as follows:

(i) First, learn the past participles in **meaningful sentences** like the four above. It may suit some people to learn the list by heart. That's also useful, but sentences can leave an **impression** on the memory.

(ii) Second, it is hard to beat **practising** with **exercises**; this makes you look up the answer and write it down – a good way of remembering things.

So try these.

a) **Put into French:**

1. I have
2. Paul has
3. She has
4. The people have
5. You have (sing.)
6. Eamonn and I have

b) Put into French:

1. I have eaten a cake.
2. Marie has written a letter.
3. Jeanne and Marc have been here.
4. You have lost a watch.
5. The children have read the book.
6. Ireland has played against (contre) Italy.
7. I have seen my friends.
8. We have chosen a gift.
9. I have had an accident.
10. My family and I have wanted to leave.

c) This time, translate these sentences which contain the common English usage of the past tense, i.e. I have done – I did.

1. I did my homework.
2. I drank some milk.
3. She put on her jumper.
4. My family and I found a hotel.
5. Seán prepared dinner.
6. Luc and his brothers finished their match.
7. You, Anne, told the truth.
8. I got your letter.
9. He was able to go.
10. Who took the sandwich?

NOTE: There is a tendency to drop 'avoir' and just write or say:

j'écouté ≠ I listened – Faux !

Just because, by coincidence, 'écouté' means 'listened', this does not mean that 'I listened' must be 'j'écouté' – this is absolutely wrong! Does 'je choisi' mean 'I chose'? In fact it means 'I chosen'. So we need **'avoir'** all the time in the passé composé:

j'**ai** écouté = I listened
j'**ai** choisi = I chose

N.B. You cannot say in English = 'I gone', 'he done', 'we chosen', 'she seen', 'they been', etc. – you must say 'I **have** gone'.

Être (with the *passé composé*)

One complication is that instead of 'AVOIR', we must use 'ÊTRE' on certain occasions:

1) with the 13 verbs of movement;
2) with all reflexive verbs (e.g. s'amuser, se lever).

1) These 13 verbs have to do with movement of some kind. The full list is:
   a) ENTRER – SORTIR
   b) ALLER – *VENIR
   c) *MOURIR – *NAÎTRE
   d) MONTER – DESCENDRE – TOMBER
   e) ARRIVER – RESTER – PARTIR – RETOURNER

*NOTE: The exceptional past participles of these verbs:

venir:	Elle est **venue** me voir.
mourir:	Il est **mort** hier.
naître:	Il est **né** en 1980.

➥ If you take one verb in a) to d) and think of its opposite, you will learn 8/9 verbs.

➥ In e) it works as a sequence – when you **ARRIVE** somewhere, you **STAY**, then you **LEAVE** and **RETURN** home. Now you have learned 13 verbs from 5!

➥ Another method of learning these 13 verbs is to use a mnemonic system, i.e. take the initial letters of each of the 13 verbs and make up a word or words from them. Remember the word(s), and you recall the verbs. In this case try:

'Mr Damp's Tavern'.

➥ There is a **14th** verb of movement which goes unnoticed because it usually takes 'AVOIR'. The verb is 'PASSER'; observe its uses:

| J'**ai** passé une semaine ici. | = I **spent** one week here. |
| Je **suis** passé chez Marc. | = I **dropped into** Marc's house. |

➥ IMPORTANT NOTE ! When you look at the following example of a verb with 'être' in the past, you will notice one major difference between this and a verb taking '**AVOIR**': that is, the **PAST PARTICIPLE** behaves as an **ADJECTIVE** and so must **CHANGE TO AGREE** with the subject (i.e. masculine plural, feminine, etc.)

NAÎTRE

je SUIS née	=	I was born
tu ES née	=	you were born
il EST né	=	he was born
elle EST née	=	she was born
nous SOMMES nées	=	we were born
vous ÊTES nées	=	you were born
ils SONT nés	=	they were born
elles SONT nées	=	they were born

2) Reflexive verbs: apply the same rules generally as in 1) above:

SE LAVER

je me SUIS lavé(e)	=	I washed (myself)
tu t'ES lavé(e)	=	you washed (yourself)
il s'EST lavé	=	he washed (himself)
elle s'EST lavée	=	she washed (herself)
nous nous SOMMES lavé(e)s	=	we washed (ourselves)
vous vous ÊTES lavé(e)s	=	you washed (yourself/yourselves)
ils se SONT lavés	=	they washed (themselves)
elles se SONT lavées	=	they washed (themselves)

The Negative

The point to remember is to keep the past participle **LAST**:

a) J'ai écrit la lettre. = I wrote the letter.
   Je N'ai **PAS** écrit la lettre. = I **didn't** write (haven't written) the letter.
b) Michel N'a **RIEN** dit = Michael said **nothing**.
c) Les hommes **NE** sont **JAMAIS** allés au théâtre. = The men **never** went to the
   theatre (have never gone).
d) Jeanne **NE** s'est **PAS** levée tôt = Jeanne **didn't** get up early.

Exception:
Je n'ai vu **PERSONNE** = I saw **nobody**. (I **haven't** seen any**one**.)
Nous n'avons entendu **personne**. = I saw nobody.

Questions

There is a hard way and an easy way to form questions.

(i) The hard way: turn the **subject** and **verb** around:
Il a mangé son dîner. = He ate his dinner.
A-t-il mangé . . . ? = Did he eat . . . ? (Has he eaten . . . ?)

(NOTE the use of 't' to separate vowels.)

Vous êtes allé(e)s en France.   = You went to France.
Êtes-vous allé(e)s en France ? = Did you go . . . ? (Have you gone . . . ?)

Elle s'est levée à 7 h.   = She got up at 7 o'clock.
S'est-elle levée à 7 h?   = Did she get . . . ? (Has she got up . . . ?)

(ii) The easy way: definitely easier! Just place 'Est-ce que' in front of **any** past tense – and it becomes a question:

Est-ce qu'il a mangé son dîner ?
Est-ce que vous êtes allé(e)s en France ? } Same English translation as above.
Est-ce qu'elle s'est levée à 7 h ?

Exercises

a) Translate:

a) He has left the school.
b) My mother has come into the room.
c) Josiane has fallen from a tree.
d) I have come back from holidays.
e) My friends and I have arrived in Venice.
f) Dad has got up late.
g) The car has stopped.
h) We went to bed at midnight.
i) The children apologised. (s'excuser)
j) My aunt has died.

b) Translate from common English past, i.e. I have gone – I went.

a) I went to school.
b) You stayed here last week. (vous)
c) Laura came into the kitchen.

d) We got into the car (monter).

e) She came back to Ireland.

f) My family and I went down to the beach.

g) Gérard and Sylvie died yesterday.

h) The man fell off his bike. (tomber de)

i) I was born on the 2nd of May.

j) They went to bed at 11 o'clock.

c) Translate ('avoir'/'être'/question/negatives):

a) I bought a camera.

b) We didn't see the film.

c) Paul didn't read the book.

d) Did you get my postcard?

e) Did Suzanne do her homework?

f) My friend and I went out at 6 o'clock.

g) I wrote a letter to my parents.

h) Has he finished his work?

i) Jean wasn't born in Paris.

j) We didn't go to Spain.

d) Match up the French past participles with the English ones:

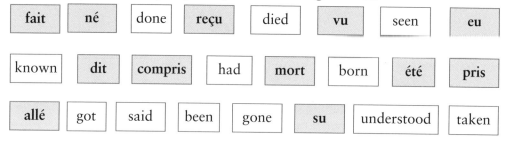

fait	né	done	reçu	died	vu	seen	eu
known	dit	compris	had	mort	born	été	pris
allé	got	said	been	gone	su	understood	taken

L'Imparfait (Imperfect Tense)

We have dealt with the *passé composé* which was the tense used to describe what **'HAS HAPPENED'**:

On a regardé le match hier après-midi.

The imperfect describes an action which **'used to happen'**, **'was happening'**:

Je prenais le train de 7 h chaque matin.

J'écrivais une lettre quand on a frappé à la porte.

NOTE: 'Je prenais' describes a **repeated** action which **used to happen**.

Translate:

The *passé composé* concerns actions which were **completed, finished**:

> Je me suis levé ; je suis entré dans la salle de bains ; je me suis brossé les dents ; je suis descendu en bas et j'ai pris mon petit déjeuner.
> = I got up; I went into the bathroom; I brushed my teeth; I went downstairs and had my breakfast.

The imperfect concerns actions which were **unfinished, incomplete** and which **describe a situation.**

> Le soleil brillait pendant que je descendais la rue. = The sun was shining while I was walking down the street.
> Il y avait une grande foule qui se rendait au match. = There was a large crowd which was heading to the match.
> Je voulais voir mon équipe favorite. = I wanted (was wanting) to see my favourite team.

In 'the sun was shining' the action is obviously continuous because the verb denotes:

a) what the sun **was doing**; and
b) what was happening while all the other actions were taking place. The sun was shining **before** I went to the match and probably after I had arrived at the ground.

'Il y avait' shows that, during the time that all the other events of the match occurred, the large crowd was there 'continuously' from start to finish.

In the case of –

Il y avait une rivière derrière cette maison-là. = There was a river behind the house.

➻ the river was **always** there.

In the case of –

Il y avait trente élèves dans notre classe l'an dernier. = There were 30 pupils in our class last year.

➻ for the duration of the year there were '**continuously**' 30 pupils in the class.

The problem is that, in English, the meaning of 'il y avait' (imperfect) and that of 'il y a eu' (*passé composé*) are the same:

There **was** (were)

The sentences:

Il y a eu une grand explosion.

Il y a eu un bruit formidable.

both describe sudden, **finished** actions, noises, explosions, etc., actions which are over and done with.

However, in the case of –

Il y avait des nuages dans le ciel.

Il y avait beaucoup de circulation dans la ville.

both are **continuous** actions which **describe** a situation.

So, be careful! When you want to say 'there was/were,' decide on the **SENSE** of the verb! Does 'there was' describe an action which:

took place   (il y a eu)

or

was taking place   (il y avait)?

NOTE: There is **NO** plural of 'il y a' or 'il y avait':

Il y avait des nuages dans le ciel.

Il y a trente filles dans ma classe.

| Il y a = there is | Il y avait = there was |
| there are | there were |

Now, having understood the meaning and basis of the imperfect tense, we can see how to form it:

(i)   Take the 1st **PERSON PLURAL** (i.e. the 'nous' part) of the present tense of **ANY VERB** (except 'être'):

Nous   voul**ons**

       – dev**ons**

       – finiss**ons**

       – perd**ons**

       – arriv**ons**

(ii) Drop the ending '-ons' (and, of course, 'nous'):

       voul–

       dev–

       finiss–

       perd–

       arriv–

(iii) Now add the endings:

je	**–ais**
tu	**–ais**
il, elle	**–ait**
nous	**–ions**
vous	**–iez**
ils, elles	**–aient**

Now, let's look at a complete example, and its meaning.

je finissais	=	I was finishing (or, used to finish)
tu finissais	=	you were finishing (or, used to finish)
il, elle finissait	=	he, she was finishing (or, used to finish)
nous finissions	=	we were finishing (or, used to finish)
vous finissiez	=	you were finishing (or, used to finish)
ils, elles finissaient	=	they were finishing (or, used to finish)

Example:
Elle **finissait** ses devoirs quand le téléphone a sonné.
    = She was finishing her homework when the phone rang.

What makes this tense the easiest to form is that there is only **one** exception – the usual one, 'ÊTRE'.
    In this case the imperfect does not come from 'nous sommes':

j'étais	=	I was, used to be
tu étais	=	you were, used to be
il, elle était	=	he, she was, used to be
nous étions	=	we were, used to be
vous étiez	=	you were, used to be
ils, elles étaient	=	they were, used to be

NOTE: You have already been using 'c'était' for a long time!

Examples:
J'étais fatigué. =
Nous étions six. =
Jean était sur le point de partir. =
C'était un bon film. =

All other '-er, -re, -ir, -oir' verbs, plus the exceptions get their imperfect from the 'nous' part of the present tense.

Uses of the Imperfect Tense

Because it represents a continuous, unfinished action, the imperfect must be used for **descriptions**:

a) La maison **était** vieille et se **trouvait** dans une rue mal éclairée. Ma chambre **donnait** sur un champ derrière. Il y **avait** une grande porte d'entrée.

b) L'homme **marchait** à l'aide d'une béquille (crutch). Il **avait** les yeux bruns et les cheveux gris. Il **portait** des lunettes. Il **était** vieux et **parlait** d'une voix basse.

In a) the house 'was old' for a long time and **continues** to be so; 'se trouvait' describes where it is to be found, and the fact that it was **always** there. For as long as the 'house' stood there the 'chambre' **always** 'looked onto' the field; and the front door has been ('il y avait') a permanent feature. (These are '**states**' rather than '**actions**' that are being described.)

In b) 'marchait' describes what the man '**was doing**' at the time under consideration. 'Avait', 'portait', 'était' and 'parlait' all describe the man's physical characteristics, which, of course, are continuous.

NOTE ALSO: Verbs like 'jeter', 'acheter', 'espérer,' etc., which make changes to their stems (the first part of the verb: **j'achèt–**), in the present tense, but have the usual, same, regular endings, do **NOT** change in the imperfect.

PRESENT

(nous achetons)	(nous jetons)	(nous espérons)	(nous nous appelons)
j'achetais	je jetais	j'espérais	je m'appelais
tu achetais	tu jetais	tu espérais	tu m'appelais
il/elle achetait	il jetait	il espérait	il s'appelait
nous achetions	nous jetions	nous espérions	nous vous appelions
vous achetiez	vous jetiez	vous espériez	vous vous appeliez
ils/elles achetaient	ils jetaient	ils espéraient	ils s'appelaient
(I used to buy, or I was buying, etc.)	(I was throwing or I used to throw, etc.)	(I was hoping or I was hoping, etc.)	(his name was or his name used to be, etc.)

Exercises

a) Translate the following which describe a continuing action or a state of things in the past:

    (i) It was raining non-stop. (sans cesse) =

    (ii) The sun was shining the whole day. =

    (iii) The two girls were chatting (causer, bavarder) in the yard. =

    (iv) The birds were singing in the trees. =

    (v) We were driving (rouler, conduire) through the countryside. =

b) Translate the following which describe a repeated action or a habit:

    (i) I used to go for a walk every evening. =

    (ii) During the summer holidays, she used to lie in until 10.30. (faire la grasse matinée) =

    (iii) We used to visit Granny on Sundays. =

    (iv) It used to snow every January. =

    (v) I used to write letters every month. =

REMEMBER: The imperfect in English isn't always so obvious as '**was doing**' / '**used to do**'. It might, in fact, be '**did**':

When I was young, I **did** my homework every evening at 7.00.

In English we are not very strict about **our** tenses, but we must respect the **French** way. We must try to understand '**DID**' – it is describing a repeated action, a habit, what you '**used to do**'. Therefore:

Quand j'étais jeune, je **FAISAIS** mes devoirs tous les soirs.

because '**faisais**' denotes a repeated action of 'doing my homework every evening'.

c) Translate the following which describe an action which 'was going on' (imperfect) when another action 'took place'. (*passé composé*):

    (i) He was writing the grocery list when the door opened. =

    (ii) The family were staying at the hotel when the accident happened. =

    (iii) Joëlle and Lucia were waiting at the corner when the taxi arrived. =

    (iv) Some friends knocked at the door while I was watching television. =

    (v) The tree fell while the storm raged. (faire rage) =

d) Now **decide** which of the following verbs should be *passé composé* or imperfect and translate the sentences:

(i) I **put** my hat on this morning.
(ii) I **put** my hat on when I used to go to work.
(iii) There **was** a loud noise near the forest.
(iv) There **was** a river near the forest.
(v) I **wrote** a letter yesterday.
(vi) When I was young I **wrote** badly.
(vii) We **went** to the park on Saturday.
(viii) We **went** to the park on Saturdays.
(ix) I **led** the police to the scene of the crime.
(x) The road **led** to the coast.
(xi) The bedroom **looked out** onto the street.
(xii) Jean **looked out** of the window.
(xiii) He **did** water sports as a young man.
(xiv) He **did** his best (faire de son mieux) in the match.

Cloze test exercises in past tense : passé composé ou imparfait ?

1. J'aime les films d'horreur. Hier, je . . . au cinéma et . . . Frankenstein.
2. Quelquefois, Henri . . . au golf quand il . . . du soleil.
3. Souvent je . . . du vin au dîner mais maintenant je ne bois que de l'orangina.
4. Est-ce que tu . . . beaucoup de cadeaux pour ton anniversaire ? Oui, je . . . aussi un vélo.
5. Quand je . . . jeune, j' . . . une petite maison à Caen.
6. Pendant que je . . . la télé, le téléphone . . .
7. Ce matin, je . . . un roman quand le facteur . . . chez moi avec un colis.
8. Nous . . . les vacances chez nous l'été dernier.
9. Lorsque je . . . Michelle, elle . . . une robe noire.
10. Jean-Luc . . . de chez lui à 6 h hier pour attraper le train. En fait, il . . . le même train tous les jours quand il . . . à la banque.

The Conditional (would)

Once you know the future tense, the conditional tense is the easiest to form. You already use: 'Je voudrais' = I'd like.

a) To form:

(i) Just take the stem of **ANY** verb in the future tense (having removed the endings, 'ai', 'as', 'a', etc.).

(ii) **ADD** the endings of the **imperfect** tense: -ais, -ais, -ait, -ions, -iez, -aient.

Thus:

je donner–	je finir–	je vendr–	je ser–
je donner**AIS**	je finir**AIS**	je vendr**AIS**	je ser**AIS**
(I would give)	(I would finish)	(I would sell)	(I would be)

Example of a full verb:

je serais	=	I would (I'd) be
tu serais	=	you would be
il, elle serait	=	he, she would be
nous serions	=	we would be
vous seriez	=	you would be
ils, elles seraient	=	they would be

b) To use: As in English, you use it whenever you want to say

'I would (I'd) do something' (implying a possible intention).

(NOTE: Same tense as 'Modh Coinníollach' in Irish.)

Examples :

Que voudriez-vous faire ce soir ?	=	What would you like to do tonight?
Je voudrais voir un film.	=	I'd like to see a film.
Pourriez-vous me dire l'heure, s'il vous plaît ?	=	Could you (i.e. Would you be able to) tell me the time, please?
Aimeriez-vous venir avec nous ?	=	Would you like to come with us?
Je voudrais devenir médecin.	=	I'd like to become a doctor.

The Pluperfect Tense (had)

If you understand the *passé composé* then you will have little difficulty in both **understanding** and **forming** the *pluperfect* tense:

passé composé: I have written the letter.
pluperfect: I had written the letter.

The difference? The pluperfect describes an action which took place **ONE STEP FURTHER INTO THE PAST** than the *passé composé*:

I've written the letter to my aunt; fortunately
I **had** asked her for her address before I **had** left Dublin.

To form: straightforward enough! Following on from the *passé composé* ('avoir/être' + past participle), we use:

imperfect of 'avoir' or 'être' + past participle.

All the other rules still apply.

Examples:

ÉCRIRE

j'**avais** écrit	=	I **had** written
tu **avais** écrit	=	you **had** written
il/elle **avait** écrit	=	he/she **had** written
nous **avions** écrit	=	we **had** written
vous **aviez** écrit	=	you **had** written
ils/elles **avaient** écrit	=	they **had** written

ALLER

j'**étais** allé(e)	—	I **had** gone
tu **étais** allé(e)	=	you **had** gone
il/elle **était** allé(e)	=	he/she **had** gone
nous **étions** allé(e)s	=	we **had** gone
vous **étiez** allé(e)s	=	you **had** gone
ils/elles **étaient** allé(e)s	=	they **had** gone

SE LEVER

je m'**étais** levé(e)	=	I **had** got up
tu t'**étais** levé(e)	=	you **had** got up
il/elle s'**était** levé(e)	=	he/she **had** got up
nous nous **étions** levé(e)s	=	we **had** got up
vous vous **étiez** levé(e)s	=	you **had** got up
ils/elles s'**étaient** levé(e)s	=	they **had** got up

Exercise – Translate:

1. He had left when we arrived. =

2. She wasn't there because she had gone to a party. =
3. I was pleased because my friends had invited me to stay. =
4. I studied hard for the summer exam because I had failed at Christmas. =
5. Where is the record that I had bought? =

The difference between 'C'est' and 'Il est'

First of all, these expressions have one thing in common – they both mean:

'IT IS'.

The problem is how to decide which one to use. There are some ground rules. However, they are not all clear-cut.

(i) The use of 'c'est'

a) This is used – generally – when 'it is' is followed by a noun:

C'est un long voyage. = It's a long journey.

Qui est-ce ?
C'est un Allemand .= It's a German. (or 'he is . . . ')
C'est ma mère. = It's my mother.
C'est le patron ! = It's the boss!

Ce sont (plural) mes copines. = They are my friends.

NOTE: C'est une Irlandaise. = She/It is an Irish woman.
but: Elle est irlandaise.   = She is Irish.

b) When 'it is' followed by an adjective on its own.

C'est possible.	=	It's possible.
C'est dommage.	=	It's a pity.
C'est très intéressant.	=	It's very interesting.
C'est un peu amusant.	=	It's a bit funny.
C'était assez ennuyeux.	=	It was quite boring.
C'est assez agréable.	=	It's quite pleasant.

(ii) Uses of 'il est'

a) When saying what one does for a living:
Que fait ton père ? Il est électricien.
= What does your father do? He's an electrician.

Elle est médecin.* = She's a doctor.

*NOTE: Absence of translation of 'a' from English.

b) Giving the time of day:
Il est trois heures et quart. = It's 3.15.

c) Compare also:
(i) C'est un garçon sympa.   ➡ Il est sympa.
(ii) C'est une fille intelligente. ➡ Elle est intelligente.

When we are **not** speaking about a **specific thing**, we use 'c'est':

Regardez ! Les lacs, les rivières, les montagnes ! Ah, **c'est** joli.

Exercises:

1) Remplacez le tiret par 'c'/il est' :
    a) Où est ma montre ? _____ dans le tiroir.
    b) Quelle est cette ville ? _____ Rouen.
    c) Quelle heure est-il ? _____ deux heures cinq.
    d) Quel jour sommes-nous ? _____ vendredi.
    e) Qui est-ce ? _____ le directeur de l'école.
    f) De quelle couleur est ton complet ? _____ gris.
    g) Qu'est-ce que c'est ? _____ un ordinateur.

2) Traduisez les phrases suivantes :
    a) He's my uncle. =
    b) It's half past ten in the morning. =
    c) She's a young Spanish girl. =
    d) I made a mistake. It's awful. =
    e) It's Monday today. =
    f) It was a pleasant journey. =
    g) He's a mechanic. =

PAST EXAMINATION SECTION

JUNIOR CERTIFICATE EXAMINATION, 2006

FRENCH – HIGHER LEVEL

SECTION I
Listening Comprehension (140 marks)
N.B. This section must be answered in English.

Your examination will start with **three** conversations. In the case of each conversation say whether it is about

(a) making a doctor's appointment
(b) ordering a meal in a restaurant
(c) borrowing something in school
(d) inviting someone to a party
    or
(e) going to a match with friends.

You will hear each conversation **twice**. You may answer the question after either hearing. Give the answer by writing *a*, *b*, *c*, *d* or *e* in the appropriate box below.

(i) First conversation | c |

(ii) Second conversation | d |

(iii) Third conversation | |

B

You will now hear **two** people introducing themselves, first Jean-Pierre and then Nathalie. Each of the recordings is played **three** times. Listen carefully and fill in the required information on the grids at 1 and 2 below.

1. First Speaker: Jean-Pierre TRACK 84

Name	Jean-Pierre
Age	
Number of sisters	
Two interests he shares with Sophie	(i)
	(ii)
When he works	
What he earns per hour	
What he does with his money	
Favourite subject	

2. Second Speaker: Nathalie TRACK 85

Name	Nathalie
Birthday	
What type of pet she has	
What type of house she lives in	
How she goes to school	
Two types of food she likes	(i)
	(ii)
Her future career	
One reason for her choice of job	

C

You will now hear **five** separate conversations. Each one of them will be played **twice**. Listen carefully and answer the questions below.

First Conversation TRACK 86

1. (a) Where does the girl wish to go?

_____

(b) What directions does the man give her?

_____

Second Conversation TRACK 87

2. (a) What happened to the woman's handbag?

_____

   (b) Name **one** item that was in the bag.

_____

Third Conversation TRACK 88

3. (a) Where does her mother say that Anne has gone?

_____

   (b) What is the rest of Paul's telephone number?
   01.43. _____

Fourth Conversation TRACK 89

4. (a) For which evening is the man booking a table?

_____

   (b) Spell the man's surname. Write one letter in each box.

Fifth Conversation TRACK 90

5. (a) Name the drink mentioned in this conversation.

_____

   (b) What is the special occasion?

_____

D

Julien is talking to Patricia. You will hear their conversation **three times**, first in full, then in **four segments** with pauses after each segment and finally right through again. Answer the questions below.

First Segment TRACK 91

1. (a) Where did Patricia go on holidays?

_____

   (b) Whom did her parents meet?

_____

Second Segment

2. (a) Name **two** things which everyone did during the day.

   (i) _____

   (ii) _____

   (b) What colour is François' hair?

   _____

Third Segment

3. (a) What is Patricia's problem?

   _____

   (b) To which country is François going next year?

   _____

   (c) How often will they phone each other?

   _____

Fourth Segment

4. What **two** roles does François have in the rock group?

   (i) _____

   (ii) _____

E

Your listening test will end with **five** short news items from French radio. Each item will be played **twice**. Listen carefully and answer the questions below.

First Item TRACK 92

1. (a) How many ferry passengers were delayed in Calais?

   _____

   (b) What were drivers of vehicles required to do?

   _____

Second Item TRACK 93

2. (a) When did this couple get married?

   _____

   (b) What was the prize which they won?

   _____

Third Item

3. (a) What happened to Frédérique Jossinet at the World Judo Championship?

_____

(b) In which country did this championship take place?

_____

Fourth Item

4. The announcement mentions three types of clothing which are reduced. Name two of them.

(i) _____

(ii) _____

Fifth Item

5. From the list of words given below, select the word which best describes the weather in each of the areas mentioned.

Dry – Sunny – Foggy – Cold – Wet – Cloudy

(i) Northern France _____

(ii) Eastern France _____

2006 CD – TRANSCRIPTS

A. TRACK 81

Pierre : Allô.

Nadine : Allô, Pierre, c'est moi Nadine.

Pierre : Bonjour Nadine, ça va.

Nadine : Ça va. Dis, Pierre, je fais une boom chez moi vendredi, tu veux venir ?

Pierre : Bien sûr. Merci pour l'invitation, ça commence à quelle heure ?

Nadine : À huit heures, d'accord.

Pierre : Oui, d'accord. À vendredi, alors.

A. TRACK 82

Sylvie : T'aurais un stylo à me prêter Alain, j'ai oublié le mien.

Alain : Encore, mais hier, tu n'en avais pas non plus. Tiens, voilà !

Sylvie : Merci. En fait, j'ai besoin d'une gomme aussi. J'ai laissé ma trousse sur la table à la maison.

Alain : Quoi, encore! Mais, Sylvie tu n'es pas possible, toi !

A. TRACK 83

Réceptionniste : Cabinet du docteur Perrin, je peux vous aider ?
Patient : Oui, madame. Je voudrais prendre rendez-vous avec le médecin. Je me sens malade.
Réceptionniste : Un instant, s'il vous plaît. Oui, c'est possible. Pourrez-vous venir à trois heures et demie ?
Patient : Oui, alors à trois heures et demie. Merci, madame.
Réceptionniste : Au revoir, monsieur.

B. TRACK 84

1. Bonjour, je m'appelle Jean-Pierre et j'ai dix-sept ans. J'habite à Aix-en-Provence. Je viens d'une famille nombreuse. J'ai deux sœurs et trois frères. Je m'entends très bien avec ma sœur aînée, Sophie. Nous aimons les mêmes choses. Aller au cinéma et faire de l'équitation.

J'ai un petit boulot. Je travaille dans un supermarché chaque samedi de 9 heures à 18 heures. Je gagne 7,50 euros par heure. Je fais des économies parce que je voudrais m'offrir un nouvel ordinateur. A l'école, ma matière préférée est l'informatique. Après mon bac, je voudrais aller à l'université pour étudier le commerce.

B. TRACK 85

2. Bonjour, moi c'est Nathalie, j'ai 12 ans. Mon anniversaire est le 20 février. J'ai deux frères: Cédric et Cyril. Et un chat, Paquabla. J'habite un pavillon près de Lyon. À l'école, je suis en cinquième et j'habite à 300 mètres de mon collège. C'est très pratique ça, parce que je peux y aller facilement à pied. Les cours commencent à 8 heures. Quant à ce que j'aime manger, j'adore tout ce qui est fruits et légumes, mais mon plat préféré, c'est la bouillabaisse, parce qu'il y a plein de poissons différents dedans, moi, j'adore le poisson.

Plus tard, quand j'aurais mon bac, j'aimerais travailler comme agent de voyage, parce que j'aime bien organiser les vacances pour tout le monde et visiter différents pays et puis à l'école, ma matière préférée c'est la géographie.

C. TRACK 86

1.
Femme : Excusez-moi, monsieur, où est le marché, s'il vous plaît ?
Homme : Ce n'est pas loin, prenez la deuxième rue à droite, et le marché est devant l'église.

Femme : Alors, la deuxième rue à droite, et c'est devant l'église.

Homme : Oui, c'est ça.

Femme : Merci, monsieur.

Homme : De rien.

C. TRACK 87

2.

Homme : Bonjour est-ce que je peux vous aider ?

Femme : Oui, monsieur, j'ai perdu mon sac à main à la gare.

Homme : Comment est votre sac à main ?

Femme : Il est petit, et en cuir, et il est noir. Dedans, il y a une carte d'identité, mes clés et mon portable.

Homme : Alors, je vais remplir cette fiche, avec les détails, et je vous téléphonerais si on trouve votre sac à main.

Femme : Merci beaucoup, monsieur.

C. TRACK 88

3.

Paul : Allô, puis-je parler à Anne, s'il vous plaît ? C'est Paul !

Femme : Je suis désolée, Paul, mais Anne n'est pas là en ce moment. Elle est allée voir sa grand-mère à l'hôpital. Vous voulez lui laisser un message ?

Paul : Oui, madame. Pourriez-vous lui demander de me rappeler ce soir, mon numéro de téléphone est le 01.43.65.28.07.

Femme : D'accord, je note 01.43.65.28.07.

Paul : Oui, c'est ça. Merci, madame. Au revoir !

C. TRACK 89

4.

Réception : Le "Quatre Saisons", je vous écoute.

Client : Je voudrais réserver une table pour 2 personnes pour vendredi soir.

Réception : Bien sûr, monsieur, à quel nom ?

Client : Au nom de Sulayre. S-U-L-A-Y-R-E.

Réception : Une table pour 2 personnes au nom de Sulayre. S-U-L-A-Y-R-E. Pour quelle heure, monsieur?

Client : Pour 20h30.

Réception : 20h30, alors. Bon, au revoir, monsieur.

Client : Au revoir, madame et merci.

5.

Garçon : Qu'est-ce qu'on mange ce soir, Maman ?

Mère : Pour commencer des œufs à la mayonnaise, ensuite, magret de canard et puis en dessert il y a le gâteau et on va bien sûr s'offrir une bouteille de champagne.

Garçon : Champagne! Gâteau, magret de canard, ben, qu'est-ce qu'on fête? Il y a quelque chose de spécial, ce soir.

Mère : Quoi, mais Christophe, c'est pas possible. Tu ne sais pas, mais c'est l'anniversaire de ta sœur!

Garçon : Oh, la, la! J'avais oublié.

Julien : Alors Patricia, les vacances, ça c'est bien passé ?

Patricia : Oui, très bien, même, Julien. Je suis partie au bord de la mer avec ma famille et là-bas mes parents ont rencontré de vieux amis. Au début, je croyais que ça allait être très ennuyeux, mais en fait, ils étaient vraiment chouettes. Et puis, il y avait aussi avec eux leur fils, François.

Julien : Génial, raconte-moi, un peu.

Patricia : Il a mon âge, et il est super sympa. On a passé beaucoup de temps ensemble.

Julien : Ah bon! Mais les parents n'étaient pas là avec vous.

Patricia : Si, mais pas tout le temps. Pendant la journée, on visitait la région, tous ensemble pour voir des châteaux, ou des caves à vin et on jouait au golfe aussi, mais le soir, François et moi, on allait en boîte ou on faisait de longues promenades.

Julien : Et il est comment ce François ?

Patricia : Il a dix-sept ans, il a les cheveux châtains et de beaux yeux bleus. Il aime la même musique que moi, et les même livres et lui aussi il aime beaucoup danser.

Julien : Et il habite où ?

Patricia : Ben, c'est ça le problème. Il habite dans le Nord, près de Lille et ça fait très loin d'ici, mais l'année prochaine, après le bac, il va partir un an en Allemagne.

Julien : Alors, comment vous allez faire pour rester en contact ?

Patricia : On va se téléphoner, une ou deux fois par semaine, mais tous les jours on s'enverra un texto ou un mail ?

Julien : Tu as une photo de lui? Fais voir.

Patricia : Voilà, ça c'est nous deux ensemble avec son groupe de rock.

Julien : Que fait-il dans le groupe ?

Patricia : Il est le chanteur principal, mais il joue aussi de la batterie. Il espère devenir musicien professionel.

E. TRACK 92

1. Au port de Calais, ce matin, 240 passagers sont restés bloqué à bord du ferry à cause d'un problème mécanique. Les passagers à pied ont pû débarquer à 11 heures et demie, mais les chauffeurs de véhicules ont dû attendre pour que le bateau soit réparé.

E. TRACK 93

2. Bonne nouvelle pour un couple de jeunes mariés. Le couple qui avait été à la recherche d'un appartement depuis leur marriage, le 15 janvier, a eu la bonne surprise hier soir de gagner leur propre maison lors d'un jeu télévisé.

E. TRACK 94

3. Judo
Frédéric Josinet a gagné une médaille d'argent lors des Championnats du Monde aux Etats-Unis, vendredi 20 mai.

E. TRACK 95

4. Votre attention, s'il vous plaît, notre aimable clientèle est priée de se rendre au rayon vêtements où il y a de grandes réductions sur les robes d'été, les maillots de bain et les chapeaux de soleil.

E. TRACK 96

5. Et maintenant, la météo. Dans le Nord du pays, il y aura du soleil partout. Les températures atteindront 26° (degrés). Dans l'Est du pays, de la pluie le matin avec possibilités d'orage en montagne.

SECTION II
Reading Comprehension (100 marks)

N.B. This section must be answered in English – except for Q. 4 on Page 222–224.

Read the signs/advertisements/texts which follow and answer all the questions.

1. **(a)** You are travelling by road in France. Which of these signs would inform you of lorries exiting? Select *a, b, c* or *d*. Write your answer in the box.

    (a) | Sortie de camions |

    (b) | Toutes Directions |

    (c) | Aire de repos |

    (d) | Sens unique |

    (b) You are in a French school. You want to find the staff room. Which sign would tell you where it is? Select *a, b, c* or *d*. Write your answer in the box.

    (a) | Entrée |

    (b) | Directeur |

    (c) | Salle des professeurs |

    (d) | Laboratoires |

2. Read the recipe below and then answer the questions.

La Tarte au Chocolat
Ingrédients:

Pour la pâte:
50g de sucre glace
100g de beurre mou
50g de poudre d'amandes
un peu de sel
1 jaune d'œuf
100g de farine

Pour la crème au chocolat:
250g de crème fraîche liquide
200g de chocolat noir
50g de beurre mou

Méthode

1. Mélanger le sucre glace, 100g de beurre mou, la poudre d'amandes et le sel dans un grand plat.
2. Ajouter le jaune d'oeuf et la farine, puis mettre au frigo.
3. Deux heures plus tard, mettre la pâte dans un moule à tarte et remettre au frigo pendant trente minutes.
4. Préchauffer le four à 180° pendant dix minutes.
5. Faire cuire la pâte pendant vingt minutes.
6. Faire fondre le chocolat puis faire bouillir la crème fraîche.
7. Mélanger le chocolat et la crème fraîche et ajouter le beurre.
8. Verser le mélange sur la pâte cuite.
9. Mettre au frigo pendant deux heures.
10. Découper la tarte en six parts égales et décorer avec de chocolat râpé.

Servir ce savoureux dessert à vos amis avec une boule de glace à la fraise.

(a) *Sugar, butter, salt, water*. Which **one** of these four is **not** listed in the ingredients?

(b) What directions are given in step No. 9?

(c) How should this dessert be served?

3.

Nettoyons la Nature

Ce week-end, des dizaines de milliers d'enfants et d'adultes sont invités à ramasser les déchets abandonnés dans la nature.

1. Organisée depuis huit ans, l'opération *Nettoyons la nature* est la version française d'une bonne idée née en Australie il y a quinze ans. Chacun est invité à donner un coup de main pour ramasser et trier les déchets abandonnés dans un site. En France, *Nettoyons la nature* est pilotée par des associations de protection de l'environnement et la chaîne d'hypermarchés Leclerc qui distribue des sacs et des gants pour les participants.

2. Mégots, emballages, vieux journaux, boîtes de conserve: la chasse aux déchets est ouverte dans des milliers de lieux. L'an dernier, 550 tonnes de déchets ont été ramassées. Pour savoir si ta ville ou ton village participe à cette opération, le mieux est de contacter la mairie.

(a) When did the idea of 'Nettoyons la Nature' begin in Australia? (part 1)

_____

(b) What does the supermarket chain Leclerc distribute to help the participants? (**one** item) (part 1)

_____

(c) Name **one** type of rubbish mentioned in part 2.

_____

4. The following extracts are taken from a French tourist information booklet about holiday homes for rental in different towns. They include details of accommodation and facilities available. Read the extracts and answer the questions on the next page.

LANOUX

M et Mme DENRY
La ferme du Touron
09130 Lanoux
Tél. 05 61 67 15 73
Fax 05 61 67 55 41
E-mail: df.denry@wanadoo.fr

Quatre chambres à l'étage d'une ferme des coteaux d'Ariège. Environnement calme. Parc fleuri et arboré. Superbe vue sur le massif du Plantaurel et des Pyrénées. Au rez-de-chaussée, salon et séjour donnant accès sur terrasse ombragée. Tarif dégressif à partir de la quatrième nuit.

AX LES THERMES

Mme DE POLO
Route de l'Aude
Les Cascatelles
09110 Ax les Thermes
Tél. 05 61 64 22 79
E-mail: sandrine-depolo@wanadoo.fr
http://cascatelles.monsitewanadoo.fr

Trois chambres (1 chambre de 2 personnes et 2 chambres de 3 personnes) dans une demeure du XXe siècle, au calme. Jardin d'agrément avec vue panoramique sur la station. Cheminée d'époque, TV, bibliothèque, espace jeux. Départ de randonnée pédestre. Tarif dégressif à partir de la troisième nuit.

TOULOUSE

M MEULEMANS
32 Avenue Maurice Bourges-Maunoury
31200 Toulouse
Tél. 05 61 58 00 94

Une chambre de 14m2 avec accès indépendant située dans l'appartement du propriétaire, dans une résidence de standing avec ascenseur, parking privé, balcon propre à la chambre avec salon de jardin. Salle d'eau et WC indépendant. Télévision, prise téléphone.

SERRES SUR ARGET

Mme VAN EEUWIJK
Le Poulsieu
09000 Serres sur Arget
Tél. 05 61 02 77 72
E-mail: lepoulsieu@wanadoo.fr
www.ariege.com/le-poulsieu

Trois chambres (2 chambres de 2 personnes avec sanitaire privatif et 1 chambre familiale de 4 personnes) à l'étage d'une ferme de montagne à 800m d'altitude entourée de 40 hectares de forêts et de prés. Site tranquille, piscine, nombreux chemins de randonnée.

FOIX

M et Mme CESSAC
Pisciculture de l'Arget
09000 Foix
Tél. 05 61 02 90 30
E-mail: lamourie@wanadoo.fr

Dans une ancienne forge à Martinet de 1870, à la pisciculture de l'Arget, 3 jolies chambres de 2 personnes dont une chambre et ses sanitaires adaptés aux personnes à mobilité réduite. Cadre de détente, parcours de pêche, bassin de pêche pour les petits, aire de pique-nique.

CONQUES

Mmes ARNAL et MORATA
Les Grangettes de Calvignac
12320 Conques
Tél. 05 65 67 86 70
06 11 12 31 41 – 06 16 51 18 34
E-mail: les-grangettes-de-calvignac@wanadoo.fr
http://grangettes.free.fr

Trois jolies chambres (avec chacune 1 lit 140 et 1 convertible 140, salle d'eau et WC privatifs) déclinées sur différents thèmes, situées dans un corps de ferme rénové et très calme s'étendant sur 4 ha avec vue sur le village classé de Conques se trouvant à 5 km. Piscine hors-sol. Parking privé. Tarifs modulables. Ouvertes toute l'année.

CASSAIGNE

M. WARGNIEZ
Buzet
32100 Cassaigne
Tél. 05 62 28 37 26

Sur une propriété au coeur des vignes de la Ténarèze, 2 chambres dont 1 familiale (1 avec 1 lit 140, 1 salle d'eau indépendante privative, WC, coin cuisine pour le petit déjeuner, terrasse et balcon privatifs, et 1 avec 1 lit 140 et 2 lits 90, salle d'eau commune aux deux chambres, WC séparés).

(**NOTE:** In your answers below you should write the **name of the towns** as they appear at the top of each box.)

Write the **name of the town** where the property

(**a**) is open all year _____

(**b**) has a lift _____

(**c**) has a sitting room on the ground floor _____

(**d**) has facilities for the disabled _____

5.

Incident à Mulsanne

Trois personnes ont été condamnées hier par le tribunal du Mans pour avoir insulté samedi soir les gendarmes, le maire, le curé et des habitants de Mulsanne.

1. Dans la nuit de samedi à dimanche, une vingtaine de jeunes escaladent le mur du jardin du presbytère de Mulsanne, près du Mans. Ce soir-là, le rhum et le whisky coulent à flot. Un scenario qui se répète depuis quelques mois. Les habitants exaspérés appellent les gendarmes. Mais quand ceux-ci arrivent ils reçoivent un flot d'insultes. Deux jeunes et un père de quatre enfants sont particulièrement inspirés …

2. Trois jours après, devant le tribunal, tous les participants se retrouvent. « *Nous sommes intervenus dans un milieu très hostile en infériorité numérique* » répète un des gendarmes. « *La première fois que je vois ça en quinze ans de service.* » Ils réclament tous entre 150 € et 300 € de dommages pour avoir été couverts de noms d'oiseaux.

3. « *Je le regrette, je le regrette, je suis entièrement désolé* » murmure Anthony, pull gris et tête baissée. « *Je vois des têtes dans la salle que je connais, des gens très gentils, je m'excuse* » ajoute Laurent, blouson de cuir. Mines repentantes et airs raisonnables. Mais les trois hommes ont écopé de deux et six mois de prison.

(a) How did these young people get into the priest's garden? (part 1)

_____

(b) For how long had this type of behaviour been going on? (part 1)

_____

(c) Why were the policemen seeking more than €150 in damages? (part 2)

_____

(d) Give **one** detail we are told about Anthony. (part 3)

_____

6.

MARISSA, APPRENTIE SAUVETEUR

Marissa, 15 ans, apprend depuis huit ans à devenir sauveteur.

1. Le sauvetage est très populaire ici. A sept ans, j'ai demandé à mon père, bénévole au club, de m'inscrire. Je voulais imiter mes deux frères et surtout nager utile. Je m'ennuyais en piscine à faire des longueurs pour rien. Comme un bon sauveteur est, avant tout, un bon nageur, je nage quatre fois par semaine entre 5 heures et 6 heures 30, avant d'aller à l'école. Je m'entraîne deux fois par semaine aux techniques de sauvetage.

2. Je suis obligée de porter une combinaison d'octobre à avril, quand les eaux très chaudes attirent des légions de méduses dont certaines ont une piqûre mortelle. Elle nous protège aussi des moustiques, parfois très voraces, et des coups de soleil, très violents ici. Le bonnet aux couleurs du club nous permet d'être plus facilement repérables dans l'eau.

3. Au début entre les méduses et la force des vagues et des courants, j'avais un peu peur de me mettre à l'eau. Mais on apprend vite à dominer ses peurs, à foncer, à ne pas être ralentis par tel ou tel danger, à être solidaires. Je n'ai pas encore participé à un sauvetage, puisque je suis trop jeune. C'est un métier très envié et respecté. Si je n'arrive pas à être parmi les meilleurs je veux surtout continuer à prendre du plaisir à me rendre utile.

(a) What did Marissa ask her father to do for her when she was seven? (part 1)

_____

(b) According to Marissa, what must a good lifeguard be? (part 1)

_____

(c) What does her wet suit protect her from? (**one** item) (part 2)

_____

(d) What does Marissa say about her fears? (part 3)

_____

7.

Un Cours en direct du bout du monde

1. Partout aujourd'hui on fête l'Internet, même dans la classe de maternelle de l'école Vauvenargues à Paris. Depuis le début de l'année, deux fois par semaine, les enfants de trois et quatre ans ont rendez-vous . . . avec le bout du monde. Sur l'écran, un copain de classe un peu particulier : Elliot Etienne. Le fils de l'explorateur français vit, avec ses parents et son petit frère Ulysse, sur l'île miniscule de Clipperton, terre française à 1,400 km au large des côtes mexicaines. Son père, Jean-Louis, y dirige une expedition naturaliste. Sa mère, Elsa, organise des projets qui réuniront Elliot avec sa classe via une visioconférence.

2. Un projet qui ne peut que réjouir Denis Déjour, son instituteur, passionné par l'informatique. Dans la salle de classe, une petite dizaine d'ordinateurs fait partie du décor. *« Comme Elliot allait manquer quatre mois de l'année scolaire, l'idée de garder un lien et un échange avec ses camarades m'a plu »* explique le maître. *« Nous lui racontons ce qu'on fait en classe, et lui nous montre ce qu'il fait là-bas. »*

3. Il est 15h30 et la connexion est établie. Grâce à la Webcam, voilà Elliot, en t-shirt et maillot de bain, et sa mère. Le petit garçon n'a pas l'air très réveillé : sur l'île c'est le matin. Elsa propose d'aller voir Kiki, un grand oiseau qui a été apprivoisé* par l'expédition. Pendant qu'Elliot joue avec Kiki, les questions fusent en classe : *« Pourquoi il n'a plus de plumes blanches ? Qu'est-ce qu'il mange ? Est-ce qu'il sait voler ? »* Elliot, parfois aidé par sa maman, répond.

4. *« Le décalage horaire, la distance, le climat . . . pour des enfants de cet âge-là ce n'est pas evident de réaliser ce qui se passe, mais ils entrent très bien dans le jeu »* raconte Denis Déjour. Bientôt, c'est l'heure d'enfiler les manteaux. La connexion reste établie. Chacun à son tour, avant de partir les enfants lancent : *« Au revoir, Elliot ! »*

*apprivoisé = tamed

(a) When did this class video-conference project begin? (part 1)

_____

(b) What do we learn about Elliot Etienne? (**one** detail) (part 1)

_____

(c) Why is his teacher, Denis Déjour, happy with the video link-up? (part 2)

_____

(d) Why does Elliot seem sleepy when he appears on the screen? (part 3)

_____

(e) Write down **one** question which the pupils ask about Kiki. (part 3)

_____

(f) What do the pupils do before leaving the classroom? (part 4)

_____

8. Yalda Rahimi is a nineteen-year-old from Afghanistan who now lives in France.

« La France m'a rendue optimiste »

1. Quand Yalda Rahimi est arrivée en France en 2003, à dix-sept ans, tout étonnait la jeune Afghane. L'argent qui sort des murs, les animaux vivant en appartement . . . Quel monde étrange! Surtout comparé au sien. Pendant deux ans Yalda a tout noté sur un carnet, ses impressions, ses surprises, ses émotions, et elle en a fait un livre incroyable, *Le Journal de Yalda.*

2. Ayant obtenu une bourse d'études en France, Yalda est venue à Paris. « *Quand j'avais cinq ans, ma famille a fui la guerre en Afghanistan pour se réfugier au Pakistan. J'y ai passé le bac. Une première dans la famille. Notre vie de réfugiés était difficile. Mes soeurs, qui ont commencé à travailler à onze ans et qui se sont mariées à quinze ans, comprenaient l'importance des études et m'ont aidée. Alors, lorsqu'on m'a proposé de poursuivre mes études à Paris, j'ai pensé 'c'est la chance de la vie'.* »

3. Dans son livre, Yalda révèle les contrastes entre deux univers contemporains. « *Les Françaises portent des pantalons, conduisent, font du vélo, ça fait rêver ! En Afghanistan, on n'a même pas le droit d'aller au marché sans homme.* » Pourtant, elle souligne que des bonnes choses existent en Afghanistan aussi. « *Chez nous, on respecte les personnes âgées. En France, leur situation me fait de la peine. On les place dans des maisons de retraite, et on les oublie. En France, on ne pense qu'à gagner de l'argent. On jette la nourriture, on est égoïste. C'est difficile à accepter.* »

4. Yalda considère qu'elle a changé en deux ans. « *Je parle librement. Je sais que j'existe. Mais j'aimerais ne prendre que les choses positives d'ici : la confiance en soi, la liberté, étudier, rêver. Je suis devenue optimiste, car je vois que tout est possible dans la vie. La preuve, je suis là. Ma philosophie est simple : il faut aider les autres. Si on fait rire une personne triste, on a servi à quelque chose. La vie est dure, mais elle est belle. Et on est là pour la rendre plus belle encore. Surtout nous, les jeunes.* »

(a) Mention **one** feature of French life that Yalda found strange when she first arrived in Paris. (part 1)

_____

(b) What was Yalda the first person in her family to achieve? (part 2)

_____

(c) Give **one** detail we learn about Yalda's sisters. (part 2)

_____

(d) Mention **one** aspect of French life which upsets Yalda. (part 3)

_____

(e) Why, according to Yalda, has she become optimistic? (part 4)

_____

(f) According to Yalda, how can we know we have done something useful? (part 4)

_____

9. A finalist in the television programme, *A la Recherche de la Nouvelle Star*, the singer Thierry Amiel talks about his life. Read the article and then answer the questions on the next page.

THIERRY AMIEL

1. Né à Marseille le 18 octobre 1982, Thierry Amiel est le troisième enfant d'une famille nombreuse. Ses parents, un père policier et une mère assistante maternelle, élèvent dans le bonheur leurs six enfants, dont les deux dernières sont adoptées. De ses premières années, Thierry garde un souvenir extraordinaire, dans la grande maison familiale d'Auriol, près de Marseille. « *J'ai toujours chanté … depuis que je suis tout petit ! Je me souviens qu'à la maison, en rentrant de l'école, je chantais sans cesse. Mes parents et mes frères avaient beau me demander de me taire, je continuais. D'ailleurs, j'ai retrouvé une photo où j'avais dix-huit mois et j'avais déjà le baladeur sur les oreilles* ».

2. Thierry n'envisage la chanson avec sérieux que vers l'âge de treize ans, lorsqu'il s'inscrit à la chorale de son village. Il prend aussi des cours de piano et de violon. Puis, changement de direction. Thierry s'engage dans la variété, en accompagnant les artistes locaux dans les fêtes et les bals de la région. Mais, comme le métier de chanteur d'orchestre ne suffit pas à assurer son indépendance matérielle, il continue de suivre des cours de psychologie à la Faculté de Provence, et d'exercer le métier de vendeur à temps partiel. Un emploi du temps bien rempli jusqu'à ce qu'un de ses frères l'inscrive au casting de l'émission *À la recherche de la nouvelle star*.

3. Thierry parle de ses journées dans son appartement parisien. « *Je suis plutôt lève-tard, de préférence sans réveil, sauf si j'ai un rendez-vous de travail. Mais, en général, je m'arrange pour ne pas travailler avant midi. Ensuite, j'émerge, je prends tout mon temps pour me préparer et alors je peux attaquer la journée ! Si je n'ai pas de rendez-vous, c'est manger un petit quelque chose devant la télé et petit tour à la maison de disques pour parler avec les gens avec lesquels je travaille. Le soir, je retrouve des amis pour boire un verre. Après, dîner tranquille à la maison devant la télé ou au resto, puis je zappe parfois tard dans la nuit, jusqu'à quatre ou cinq heures … * »

4. Il est conscient que c'est un luxe de pouvoir vivre comme ça à son âge. « *Je me rends compte que j'ai de la chance, que c'est un privilège de mener la vie d'artiste qui me plaît. Je vis vraiment de façon bohème moderne. Ça ne ressemble pas du tout à la vie à laquelle je rêvais quand j'étais étudiant à Auriol. Je n'imaginais pas les interviews, les télés, les séances photos. Je ne pensais qu'à chanter, écrire des chansons, les enregistrer. Finalement j'ai découvert un métier où il n'y a pas que ça.* »

→

5. Dans son appartement, il a appris à laver son linge, à nettoyer et à ranger. Mais il avoue que « *quelquefois, je me laisse submerger par mon désordre. Alors j'appelle une amie, Yvonne, qui est très gentille et qui m'aide parce que, tout seul, je ne sais pas par quoi commencer. À deux, c'est nettement plus cool.* »

6. Thierry aime la vie parisienne. Il explique pourquoi. « *J'aime me sentir vivre dans une ville qui bouge, même si je ne cours pas les musées tous les jours. Croiser des gens ambitieux qui font des carrières, qui sont motivés, qui ont des désirs, des idées, une manière de penser bien à eux. Même le stress de cette ville me plaît. D'ailleurs il m'a manqué lorsque je suis retourné chez moi pour Noël.* »

(a) What does Thierry tell us about his childhood photo? (part 1)

_____

(b) As well as playing in a band, Thierry had to take up a second job. What was it? (part 2)

_____

(c) What does Thierry do when he has no appointment? (**one** detail) (part 3)

_____

(d) What does Thierry realise? (part 4)

_____

(e) What used Thierry think about when he was a student? (**one** detail) (part 4)

_____

(f) Why does Thierry sometimes phone his friend Yvonne? (part 5)

_____

(g) Mention **two** things he likes about life in Paris. (part 6)

(i) _____

(ii) _____

SECTION III
Written Expression (80 marks)
N.B. This section must be answered in French. Answer both (a) and (b).

(a) You are on holidays with your family in Spain. Write a **postcard** to your French penpal, Nicole. In your card tell her:

- when you arrived and who you are with;
- that the hotel is lovely and you are enjoying yourself;
- that you will be going to the beach tomorrow.

(b) You have just returned home from two weeks in Rennes with your French penpal, Christophe, and his family. Write a **letter** to Christophe, in which you:

- thank him and his family for your wonderful holiday;
- say what you liked most about your stay in France;
- invite him to spend two weeks with you and your family in Ireland next summer;
- tell him what you will do together in Ireland;
- tell him something about your new French teacher.